中美如何跨越修昔底德陷阱

格雷厄姆·艾利森與王輝耀對談

How China and America Escape Thucydides's Trap

全球化智庫（CCG）譯

叢書策劃： 斯諾工作室

責任編輯： 袁嘉俊

書籍設計： a_kun

書籍排版： 楊　錄

書　　名： **中美如何跨越修昔底德陷阱：格雷厄姆·艾利森與王輝耀對談**

譯　　者： 全球化智庫（CCG）

出　　版： 三聯書店（香港）有限公司
香港北角英皇道 499 號北角工業大廈 20 樓

Joint Publishing (H.K.) Co., Ltd.
20/F., North Point Industrial Building,
499 King's Road, North Point, Hong Kong

香港發行： 香港聯合書刊物流有限公司
香港新界荃灣德士古道 220-248 號 16 樓

印　　刷： 美雅印刷製本有限公司
香港九龍觀塘榮業街 6 號 4 樓 A 室

版　　次： 2024 年 12 月香港第 1 版第 1 次印刷

規　　格： 特 16 開（150mm × 210mm）176 面

國際書號： ISBN 978-962-04-5550-6

© 2024 Joint Publishing (H.K.) Co., Ltd.

Published & Printed in Hong Kong, China

目 錄

前言

談到中美關係，幾乎沒有人不知道“修昔底德陷阱”這一術語。這一歷史隱喻已經成為人們研究中美關係時無法迴避的概念，也是引用最多的框架之一。2023 年 10 月 9 日，中國國家主席習近平在北京人民大會堂會見美國國會參議院多數黨領袖舒默率領的美國國會參議院兩黨代表團時指出，中方始終認為，中美共同利益遠遠大於分歧，中美各自取得成功對彼此是機遇而非挑戰。“修昔底德陷阱”並非必然，寬廣的地球完全容得下中美各自發展、共同繁榮。

“修昔底德陷阱”這一概念最早是由美國軍事作家赫爾曼・沃克（Herman Wouk）在 1980 年所作的一次演講中提出的，主要是針對美蘇冷戰的一種文學“隱喻”和“警示”，當時並未引起較大的重視和反響。[1] 後來，哈佛大學教授格雷厄姆・艾利森發展了這一概念，並在世界範圍內產生了廣泛的影響。艾利森是世界知名的政治學家，

1 轉引自黎海波、宋瑞芝：《“修昔底德陷阱”：認識誤區與戰略應對》，載《現代國際關係》，2017 年 9 月期，第 14—21 頁，70 頁。—— 譯者註

在美國戰略和國家安全思想領域頗具影響力。他的研究範圍包括核武器、俄羅斯、中國，以及政策制定。艾利森在哈佛大學任教 50 多年，是哈佛肯尼迪政府學院創始院長[1] 和貝爾弗科學與國際事務中心（以下簡稱貝爾弗中心）前主任。他還曾在美國政府中擔任多個高級職位，包括里根政府的國防部長特別顧問和克林頓政府的助理國防部長。

2010-2011 年我在哈佛大學肯尼迪政府學院做高級研究員時，第一次見到艾利森（Graham Allison）教授，自那以後，我有幸與他進行了多次深度交流，我們多次在慕尼黑安全會議（MSC，慕安會）上見面，新冠疫情期間我在全球化智庫北京總部邀請他進行綫上對話；2023 年，艾利森再度到訪中國，與我共同參加了中國發展高層論壇、博鰲亞洲論壇並發表演講。

自結識他以來，艾利森教授對一些話題的遠見卓識、歷史視角和清晰的分析一直啟發著我，這些話題隨著地緣政治緊張局勢加劇而受到越來越多的關注，每次我們交流時，我都能學到新東西。2023 年慕安會期間，CCG 以"綠洲還是幻影：中美氣候合作關係分析"（Oasis or Mirage: Analyzing China-U.S. Relations on Climate Cooperation）為題舉辦官方邊會，來自中國、美國和歐洲的外交官、政策顧問和資深研究者與會，致力於從氣候外交和更廣泛的地緣政治角度審視中美

---

1 哈佛大學肯尼迪政府學院的前身為哈佛大學公共行政研究生院，創立於 1936 年，因紀念遇刺的肯尼迪總統而改名。格雷厄姆 · 艾利森在 1977—1989 年擔任院長，將學院的規模擴大了 20 倍，締造了現代的肯尼迪政府學院。—— 譯者註

雙邊關係，探索預防衝突和促進合作的可能性。艾利森參加邊會並進行了主旨發言。他認為，中國與美國之間需要更多的合作，因為中國的崛起挑戰了美國的霸權地位，中美之間發生競爭是難以避免的，且兩國將會發生歷史上最激烈、規模最大的碰撞，特別是在台灣問題上。然而，和平和競爭是可以同時存在的，現在中美之間的競爭遠多於合作，希望未來中美之間合作能像競爭一樣多。在氣候問題上，中美合作是出於雙方對生存的考慮，但若中美之間發生大規模的戰爭，後果將是災難性的，甚至涉及人類存亡。他呼籲，中美雙方應冷靜下來避免衝突，和平對話、公平競爭，並尋找更多合作機會。

在我寫下這些文字時，學者和政策制定者越來越擔憂中美關係的動態與未來。中美關係可以說是本世紀最重要的雙邊關係，這兩個大國能否和諧相處，不僅關係到本國的人民、經濟與社會，而且對全世界的安全、和平與繁榮也有著重大影響。中國和美國是世界上影響力最大和實力最強的兩個國家，是全球最大的經濟體和碳排放國，各自代表著發展中國家和發達國家。世界需要美國與中國合作來應對全球性挑戰和阻止另一場冷戰。然而，中美能否和平共處仍然是一個問題。

格雷厄姆．艾利森的著作《注定一戰：中美能避免修昔底德陷阱嗎？》（*Destined for War: Can America and China Escape Thucydides's Trap?*）（以下簡稱《注定一戰》）探討了這個問題，警告我們看似穩定的世界秩序存在分崩離析的危險，即使維護這個秩序符合所有人的利益。這是他對世界的巨大貢獻。不幸的是，自該書出版以來，隨著跨太平洋緊張局勢的加劇，艾利森教授的警告似乎更加具有預見性和重要性。今天，“修昔底德陷阱”這個術語幾乎被每一個國際關係學生和從業者，以及每一個美中關係學生和觀察者所知曉。然而，儘管這個術語經常被引用，但人們仍對其真正的論點和含義存在極大的誤解。

對中國人民和美國人民來說，對地緣政治和重塑我們世界的變化進行冷靜、客觀的分析，並對對方如何看待世界進行細緻入微的了解，從未像現在這樣重要過。在這方面，我想沒有人能比艾利森教授提供更好的指導了。

美國作家馬克·吐溫（Mark Twain）曾經說過：“歷史不會重演，但總有驚人的相似。”這句常常被引用的至理名言與“修昔底德陷阱”蘊含的信息相吻合。一些人錯誤地聲稱，歷史模式已經定型，中美之間必定要有一戰。艾利森並不這麼認為。相反，他想指出，歷史經驗一再表明，當一個崛起國威脅到守成國的主導地位時，就會引發戰爭風險。事實上，“修昔底德陷阱”並不是要宣揚宿命論，而是呼籲我們採取行動，敦促我們採取積極主動的措施來避免歷史上多次發生的悲劇性結果。“修昔底德陷阱”中蘊含的號召激勵著CCG，以及太平洋兩岸的許多其他組織、學者、智庫代表、政策制定者和商界領袖，為中美和諧相處而努力，我們認識到競爭並不必然意味著衝突，而中美兩國的命運在根本上是深深糾纏在一起的，就像艾利森所說的“不可分割的連體嬰兒”那樣。

我希望，本書能夠讓更多中國讀者了解艾利森的觀點，在這個面臨氣候變化、大流行病和核武器等跨國威脅的時代，為幫助人們理解中美關係的現實，認識到兩國關係既有競爭又有合作、並不總是零和博弈而貢獻綿薄之力。

好消息是，由於格雷厄姆·艾利森和該領域其他專家的著作，兩國領導人現在都清楚地認識到修昔底德動態及其危險。然而，我們還沒有制訂出一個可行的計劃來擺脫“歷史的窠臼”，這正是我們下一步的工作。艾利森在 2018 年 TED 演講結束時提醒我們，現在需要我們根據歷史發揮想象力和創造力。因為最終只有那些拒絕從歷史中吸取教訓的人才注定要重蹈覆轍。

王輝耀

博士、教授

全球化智庫（CCG）創始人、理事長

2023 年 12 月於北京

引言

陷阱已就位

2012 年 8 月，《金融時報》（*Financial Times*）發表了格雷厄姆·艾利森的文章“修昔底德陷阱已在太平洋地區成型”（Thucydides's Trap has been sprung in the Pacific）。[1] 在這篇文章中，這位哈佛學者第一次使用“修昔底德陷阱”這個術語，艾利森認為美中能否避免修昔底德陷阱是“未來幾十年對全球秩序有決定性影響的問題”。

那時，艾利森已經花了相當長的時間來發展“修昔底德陷阱”概念——一個崛起大國與佔據統治地位的守成大國競爭主導權，這種競爭最終可能導致戰爭。“修昔底德陷阱”這個術語最早出現在《紐約時報》（*New York Times*）記者大衛·桑格（David Sanger）在 2011 年發表的一篇文章裏，這篇關於時任中國國家主席胡錦濤 2011 年訪

1 Graham Allison,"Thucydides's trap has been sprung in the Pacific,"*Financial Times*, August 21, 2012, https://www.ft.com/content/5d695b5a-ead3-11e1-984b-00144feab49a.

美的評論文章內容廣泛，其中引用了艾利森的話。[1]

2013 年 6 月 7 日，在習近平主席和奧巴馬（Barack Obama）總統舉行首次國家元首會晤前夕，艾利森在《紐約時報》上發表了另一篇關於修昔底德陷阱的文章“奧巴馬和習近平必須全面考慮以避免陷入經典陷阱”（Obama and Xi Must Think Broadly to Avoid a Classic Trap）。[2] 彼時，這篇文章吸引了兩國領導人的注意。2013 年 11 月，在人民大會堂會見博古睿研究院 21 世紀理事會北京會議外方代表時，習近平主席表示：“我們都應該努力避免陷入修昔底德陷阱——一個新興大國與既有大國之間，或既有大國之間的破壞性緊張關係。”[3] 2015 年，習近平主席在西雅圖對與會者表示，修昔底德陷阱不是不可避免的，但大國之間一再發生戰略誤判，就可能自己給自己造成“修昔底德陷阱”。[4]

隨著中美關係日漸緊張，艾利森繼續發展他的觀點和分享他的思考。2015 年 9 月，他在《大西洋月刊》（*The Atlantic*）上發表了“修

---

1 Graham Allison, “Obama and Xi Must Think Broadly to Avoid a Classic Trap,”*New York Times*, June 7, 2013, https://www.nytimes.com/2011/01/23/weekinreview/23sanger.html.

2 https://www.nytimes.com/2013/06/07/opinion/obama-and-xi-must-think-broadly-to-avoid-a-classic-trap.html.

3 Nicolas Berggruen and Nathan Gardels, “How The World’s Most Powerful Leader Thinks,”*HuffPost*, January 21, 2014, https://www.huffpost.com/entry/xi-jinping-davos_n_4639929.

4 http://www.china.org.cn/xivisitus2015/2015-09/24/content_36666620.htm 中文參見習近平在華盛頓州當地政府和美國友好團體聯合歡迎宴會上的演講（2015 年 9 月 22 日，西雅圖）：世界上本無“修昔底德陷阱”，但大國之間一再發生戰略誤判，就可能自己給自己造成“修昔底德陷阱”。http://www.xinhuanet.com/world/2015-09/23/c_1116656143.htm。——譯者註

昔底德陷阱：美國和中國在走向戰爭嗎？”（The Thucydides Trap: Are the US and China headed for War?）一文，論述稱這個陷阱的歷史隱喻為闡明今天的中美關係提供了最好的視角。[1] 這篇文章在 2015 年習近平主席和奧巴馬總統舉行首腦會晤之前發表，兩位元首在會晤中詳細討論了“修昔底德陷阱”。奧巴馬強調，儘管中國崛起造成了結構性壓力，但“兩國能夠管控好分歧”。同時，他們都贊同習近平的話：“但大國之間一再發生戰略誤判，就可能自己給自己造成‘修昔底德陷阱’。”[2]

自那以後，隨著中國的持續增長，美國國內政治的發展趨勢和意外事件，以及地緣政治的動蕩，不斷發展的中美關係成為全球關注的焦點，修昔底德陷阱這個概念成為世界各地專家評論和分析兩國關係時使用的主要詞彙。2016 年，特朗普（Donald Trump）當選總統後，隨之而來的貿易戰和兩個大國之間的關係日益緊張，令修昔底德陷阱這個概念更加流行，受到廣泛討論。

注定一戰？

2017 年，《注定一戰》一書以英文出版，對修昔底德陷阱這一概念進行了長篇闡述和發展。這本書為艾利森教授提供了更多空間，便

1 Graham Allison, “The Thucydides’s Trap: Are the US and China headed for War?,” *The Atlantic*, September 24, 2015, https://www.theatlantic.com/international/archive/2015/09/united-states-china-war-thucydides-trap/406756/.

2 引自格雷厄姆・艾利森 “War Between China and the United States Isn’t Inevitable, But It’s Likely.” *National Post*, 2018 年 3 月 5 日。

於他解釋自己觀點的背景和詳細闡釋哈佛大學修昔底德陷阱項目一直在開發的案例檔案，從檔案中已有的歷史上 16 個崛起國家挑戰守成大國的案例中吸取教訓（其中 12 個案例最終走向戰爭）。該書用了一整章講述古希臘時期斯巴達和雅典的衝突，以及第一次世界大戰（簡稱“一戰”）期間英國和德國的衝突。書中還描述了修昔底德陷阱項目的其他案例：20 世紀中期的日美衝突（始自 1941 年 12 月日本襲擊珍珠港）；19 世紀末和 20 世紀初日本與俄羅斯和中國的衝突；19 世紀中期德法之間的衝突（俾斯麥藉此實現了統一德國的抱負）；17 世紀中晚期英格蘭與荷蘭共和國之間的戰爭；16 世紀上半葉日益壯大的哈布斯堡王朝與強大的法國之間的戰爭。重要的是，在該書中，艾利森還提出了從歷史經驗中總結出的“12 條建議”來幫助美國和中國避免戰爭。這些關於如何避免衝突的實用方案在《注定一戰》出版後成為艾利森工作的中心。

自《注定一戰》出版後，艾利森教授一直在不懈努力，使其思想能夠被更多人了解。他在世界各地開展講座，在《外交事務》（*Foreign Affairs*）、《外交政策》（*Foreign Policy*）、《金融時報》、《國家利益》（*The National Interest*）、《今日美國》（*USA Today*）和《華爾街日報》（*The Wall Street Journal*）等主要出版物上發表大量的文章。2018 年 9 月，艾利森教授在紐約的 TED 世界劇院登台，發表了題為“中美是否不可避免要發生戰爭？”（Is war between China and the US inevitable?）的演講，這場演講是 TED“我們締造的未來”（We the Future）活動項目的一部分，該項目旨在探討全球最嚴峻的挑戰和尋求可能的解決方案。艾利森教授的演講已成為 TED 國際關係演講中最受歡迎的場次之一，在 TED 官方網站上觀看超過 450 萬次，在 TED 的優兔（YouTube）頻道上觀看達到 250 萬次。

修昔底德陷阱的影響

修昔底德陷阱概念的影響怎麼強調都不為過。如上文所述，早在《注定一戰》出版之前，修昔底德陷阱已經成為華盛頓和北京的政策制定者理解兩國關係的一個重要框架。早在 2012 年，時任美國參謀長聯席會議主席馬丁・鄧普西（Martin Dempsey）就表示"我認為我作為主席和高級領導人顧問的工作內容之一是幫助避免修昔底德陷阱。我們不希望對崛起中的中國的恐懼導致不可避免的戰爭，因此我們將避免修昔底德陷阱。"[1]

對《注定一戰》的讚譽說明了該書在資深政策制定者中的影響力，它就像一本美國外交政策名人錄。[2] 喬・拜登（Joe Biden）表示，"格雷厄姆・艾利森是最敏銳的國際事務觀察家之一。他始終將自己對歷史潮流的深刻理解帶入到今天最困難的挑戰中去，並使我們所處的最艱難的外交政策困境能夠被專家和普通民眾理解。"拜登總統與格雷厄姆・艾利森相識數十年，在擔任參議員、副總統時期和現在的

1 參見"A Conversation with General Martin Dempsey"，卡內基國際和平基金會，華盛頓特區，2012 年 5 月 2 日；馬丁・鄧普西在聯合作戰會議暨博覽會上的"演講和問答"，弗吉尼亞州弗吉尼亞海灘，2012 年 5 月 16 日。

2 參見 Scribe Publications 網站上對 *Destined For War* 一書的推薦，https://scribepublications.co.uk/books-authors/books/destined-for-war-9781911617303。

總統任上，都經常徵求他的意見。為本書做了推薦語的人還有庫爾特・坎貝爾（Kurt Campbell），他現任美國國家安全委員會印太事務協調員，是美國對華政策的主要構建者。坎貝爾稱該書"對每個思考中國及其與世界關係的外交官、金融家和商界人士來說，都是一本必讀之書，甚至是一本絕對不能錯過的書。"薩曼莎・鮑爾（Samantha Power）也讚譽了該書，她現在擔任拜登政府的美國國際開發署署長。其他推薦人包括美國前國務卿亨利・基辛格（Henry Kissinger），澳大利亞前總理、亞洲協會政策研究所所長陸克文（Kevin Rudd），世界經濟論壇創始人、主席克勞斯・施瓦布（Klaus Schwab）等知名人士。聯合國前秘書長潘基文（Ban Ki-Moon）曾表示："格雷厄姆・艾利森一直是我學生時代和擔任外交官時期的靈感之源。"黑石集團主席和 CEO 蘇世民（Stephen Schwarzman）仿照牛津大學的羅德獎學金項目，在 2016 年設立蘇世民學者項目，與清華大學一起募集了 4.35 億美元，他將該項目的使命設定為幫助亞太地區避免"修昔底德陷阱"[1]。

在特朗普總統的任期內，隨著世界兩大經濟體之間的摩擦升級，修昔底德陷阱這個概念在全球受到了重視。2018 年 12 月，修昔底德陷阱被《金融時報》選為"年度詞彙"，首席外交事務評論員吉迪恩・拉赫曼（Gideon Rachman）指出，這個概念正在引發更加廣泛的公

1 "Schwarzman scholarship aims to help Asia avoid 'Thucydides' trap'," News, *Financial Times*, September 9, 2016, https://www.ft.com/content/7e4c6f94-755b-11e6-bf48-b372cdb1043a.

眾討論，已經引起了華盛頓和北京領導人的注意。[1] 從印度到馬來西亞、菲律賓、新加坡，全亞洲的評論員都在討論這個概念，大多數人認識到這一概念的重要性，並表態希望能夠避免其警告的戰爭風險。在澳大利亞，馬爾科姆·布恩佈爾（Malcolm Turnbull）在 2015–2018 年總理任期內多次提到修昔底德陷阱，包括公開請求習近平主席和李克強總理不要"陷入修昔底德陷阱"。[2]

中國人如何看待"修昔底德陷阱"

除了對華盛頓的外交政策辯論產生重大影響外，艾利森教授的觀點在中國的決策層也受到廣泛討論。這也許並不奇怪，因為它恰好概括了許多中國政策制定者和學者自 2010 年開始努力應對的挑戰。

例如，修昔底德陷阱概念與胡錦濤主席在 2011 年首次提出的發展"新型大國關係"有相似之處。在 2011 年 5 月舉行的第四輪中美戰略與經濟對話中，胡錦濤主席闡述了中美共同發展新型大國關係的重要性，這種關係可以讓中國和美國人民以及全世界人民感到放心。胡主席表示，要"打破歷史上大國對抗衝突的傳統邏輯，探索經濟全

1 "Year in a Word: Thucydides's trap," Opinion, *Financial Times*, December 19, 2018, https://www.ft.com/content/0e4ddcf4-fc78-11e8-aebf-99e208d3e521.

2 Christopher Mackie, "Malcolm Turnbull, and Thucydides, and All That," *Sydney Morning Herald*, December 17, 2015.

球化時代發展大國關係的新途徑”。[1] 習近平主席繼續使用和發展了新型大國關係這個概念，特別是在 2013 年與奧巴馬總統在安納伯格莊園的會晤上。雙方領導人對修昔底德陷阱這個概念达成了共識，因為它契合了中美關係需要調整以避免再次出現毀滅性結果的需求。“新型大國關係”提供了一個框架來討論這種調整可能帶來的後果，以及 21 世紀的美中關係將與過去的大國關係有哪些不同。

在接受《環球時報》英文版採訪時，艾利森教授指出，習主席呼籲建立新型大國關係的原因之一是他十分了解大國競爭的古老模式往往導致戰爭。[2] 他提到，中國領導層已經對《注定一戰》一書中分析的案例進行了研究，並有意提出解決方案，以避免當崛起大國威脅到守成大國主導地位時通常會發生的戰爭。[3]

修昔底德陷阱已在中國學術圈和政策決策圈被廣泛分析和討論，而在 2019 年《注定一戰》中譯本面世後，更多人對其展開了研究。在中國知網（CNKI）檢索學術文章，結果顯示已有 300 多篇相關文

---

1 Cui Tiankai and Pang Hanzhao, "China-US Relations in China's Overall Diplomacy in the New Era: On China and US Working Together to Build a New-Type Relationship Between Major Countries,"*China International Strategy Review 2012*, May 2012, http://en.iiss.pku.edu.cn/info/1059/2481.htm.

2 Qingqing Chen and Yunyi Bai, "Compete and Coexist: US, China could develop new concept of relationship between great nations, Graham Allison says,"*Global Times*, December 13, 2020, https://www.globaltimes.cn/content/1209820.shtml.

3 Qingqing Chen and Yunyi Bai, "Compete and Coexist: US, China could develop new concept of relationship between great nations, Graham Allison says,"*Global Times*, December 13, 2020, https://www.globaltimes.cn/content/1209820.shtml.

章發表在各種中國學術期刊上。[1] 閻學通、王緝思和鄭永年等諸多知名專家學者都評論了修昔底德陷阱這一概念。

修昔底德陷阱也是中國學者與美國和其他國家學者進行研究和辯論的一個有益起點。例如，中國學者張春滿、蒲曉宇、張飈、韓召穎為 2019 年 3 月出版的《中國政治科學》（*Journal of Chinese Political Science*）特刊"中美是否能避免修昔底德陷阱"（Can America and China Escape the Thucydides Trap?）供稿。在該期刊物中，這些中國學者與美國和其他地區的同行探討了修昔底德陷阱的理論機制和政策含義，大多數人認為，這個概念為研究中美關係提供了一個有用的視角。[2]

修昔底德陷阱概念得到中國分析家認同的部分原因也許是，它不像西方學者製造的其他可能被描述為渲染"中國威脅論"的框架那樣質疑中國崛起的道德後果，也沒有將緊張局勢僅僅歸咎於中國。當然，艾利森的著作是站在美國 / 西方立場的，在他的分析中自然會把西方價值觀和美國的利益放在第一位。他的論述和對中美關係看法的某些方面可能會引起異議，但無疑他為了解中國、中國的觀點和利益做出了努力。在《注定一戰》一書中，格雷厄姆用了幾章來探討中國的立場、討論中國崛起和國家發展雄心的合理性 —— 並不是所有美

1 基於在中國知網上用關鍵詞檢索的結果。

2 *Journal of Chinese Political Science*, Volume 24, Issue 1, March 2019, Special Issue: *Can America and China Escape the Thucydides Trap?* https://link.springer.com/journal/11366/volumes-and-issues/24-1.

國作家都能在討論美中關係的書中做到這一點。

當然，並不是所有的中國專家都認同格雷厄姆·艾利森的假設和結論。然而，無論中國學者是支持、借鑒、改造還是反駁修昔底德陷阱，抑或是提出另一種更加適用的框架，無疑修昔底德陷阱這個理論已經產生了極大的影響力，並促進了關於如何為中美關係發展制定一個和平路綫的研究和討論，這是一個巨大的貢獻。

艾利森的教育背景與事業

雖然艾利森教授在中國主要是因修昔底德陷阱的廣泛流傳而被人熟知，但讀者應該了解該論點只是他在該領域的許多重要貢獻之一。在專研中美關係和修昔底德陷阱的危險之前，艾利森教授已被公認為是美國政治科學家中的佼佼者，並在學術界和政界都有著輝煌的職業生涯。

艾利森博士在北卡羅來納州的夏洛特市出生和長大。他就讀於戴維森學院，之後在哈佛學院（Harvard College）求學，於 1962 年畢業，獲得歷史學學士學位。他以馬歇爾學者的身份在牛津大學就讀，1964 年完成哲學、政治學和經濟學的本科和碩士課程。之後，他回到哈佛大學（Harvard University）繼續求學，1968 年獲得政治學博士學位。自那時起，格雷厄姆·艾利森教授在哈佛大學從教 50 年，現為道格拉斯·狄龍政府學教授（Douglas Dillon Professor of Government）。在從教的同時，艾利森教授鞏固了他作為美國最重要的國家安全分析家之一的聲譽，特別關注核武器、俄羅斯、中國和決策問題。

艾利森還著有多本暢銷書。作為一名政治學家，他最有名的著作可能是他的第一本書《決策的本質：還原古巴導彈危機的真相》（*Essence of Decision: Explaining the Cuban Missile Crisis,* 1971），這本書是他在博士論文的基礎上寫就的，被認為是該領域的經典之作，銷量超過 50 萬冊，徹底改變了政治學和其他領域的決策研究。該書闡述了三種決策模式：模式一 —— 理性行為者模式，催生了政治學中的理性選擇學派；模式二 —— 組織行為模式；模式三 —— 政府政治模式。通過闡述這三種模式和解釋因果關係如何導致理性個體不會選擇的戰爭，該書為如何看待核武器提供了新思路。[1]

艾利森教授其他已出版的著作包括《核恐怖：可避免的終極災難》（*Nuclear Terrorism: The Ultimate Preventable Catastrophe*，2004），該書入選《紐約時報》"2004 年度最著名的 100 本書"。2013 年，艾利森的著作《李光耀論中國與世界》（*Lee Kuan Yew: The Grand Master's Insights on China, the United States and the World*，2013）出版，在美國及其他國家都很暢銷。艾利森教授表示，李光耀對其對中國、地緣政治和更廣大的戰略的思考有很大影響。

在學術工作之外，艾利森在培訓對外政策制定者和研究者、建立為外交政策界服務的機構方面都產生了很大影響。他在 1977−1989 年間擔任哈佛大學肯尼迪政府學院的創始院長。肯尼迪政府學院培訓

---

1 Graham Allison,. "Preventing Nuclear War: Schelling's Strategies." *Negotiation Journal*, July 23, 2018.

了幾代政策制定者。根據中國國務院發展研究中心、清華大學與哈佛大學肯尼迪政府學院在 2002 年簽訂的協議，許多中國官員也在那裏接受培訓。

自 1995 年至 2017 年，艾利森教授擔任肯尼迪政府學院貝爾弗科學與國際事務中心主任長達 22 年，他的繼任者是美國前國防部長阿什・卡特（Ash Carter）。在他擔任主任期間，貝爾弗中心成為哈佛大學卓越的外交政策、國家安全及科學技術研究中心，一個擁有世界一流思想家和行動者的富有影響力的中心。貝爾弗中心曾連續多年被賓夕法尼亞大學評為全球頂級大學智庫。[1] 貝爾弗中心的計劃和研究項目涵蓋一系列與國家安全和外交政策相關的重要問題，包括網絡安全、數字民主、核擴散、外交和恐怖主義，美國與俄羅斯、中國和中東的關係，以及與能源、創新和氣候變化相關的挑戰。該中心還因整合了一系列領域和學科的研究和洞見而知名，這包括社會科學家、自然科學家、技術專家以及政府、外交、軍事和商業領域的從業人員。多年來，貝爾弗中心吸引了一大批科學和安全領域的明星專家，除了前主任阿什・卡特之外，還包括埃胡德・巴拉克（Ehud Barak）、艾倫・貝爾辛（Alan Bersin）、約翰・卡林（John Carlin）、詹姆斯・克拉珀（James Clapper）、約翰・霍爾德倫（John Holdren）、勞拉・霍爾蓋特（Laura Holgate）、道格拉斯・盧特（Douglas Lute）、麗莎・摩納

1 "Belfer Center Named World's Best University Think Tank," News, Belfer Center for Science and International Affairs, Harvard Kennedy School, January 26, 2017, https://www.belfercenter.org/publication/belfer-center-named-worlds-best-university-think-tank.

哥（Lisa Monaco）、歐內斯特・莫尼茲（Ernest Moniz）、薩曼莎・鮑爾（Samantha Power）、邁克・羅傑斯（Mike Rogers）、埃里克・羅森巴赫（Eric Rosenbach）、傑克・沙利文（Jake Sullivan）和喬恩・沃爾夫斯塔爾（Jon Wolfsthal）。

對本書而言，貝爾弗中心最重要的貢獻也許是其編寫了許多關於中美關係的報告，本書後面的章節引用了這些報告，以及艾利森教授主持的修昔底德陷阱項目的內容，該項目對"修昔底德陷阱"這一論點進行了深入研究，包括在過去 500 年中崛起大國威脅守成大國主導地位的案例檔案。除了《注定一戰》一書中使用的 16 個案例，該項目第二階段正在審查其他可以納入的案例，並已邀請各方對案例檔案進行反饋。

艾利森在哈佛之外的工作

除了在哈佛任職之外，艾利森還曾擔任高等研究中心（Center for Advanced Studies）研究員（1973–1974）、蘭德公司顧問、美國對外關係委員會成員、布魯金斯學會外交政策研究訪問委員會成員（1972–1977）以及三邊關係委員會成員（1974–1984，2018）。

除了通過學術和智庫工作推動形成辯論外，艾利森教授也曾在美国政府中擔任多個職位，包括在 20 世紀 60 年代擔任五角大樓的顧問和諮詢師，從而深度介入美國的安全和外交政策制定。自 1985 年以來，他一直是國防政策委員會諮詢委員會的成員。艾利森教授曾在里根總統時期擔任國防部長特別顧問（1985–1987）、在克林頓總統時期擔任負責政策和計劃的助理國防部長（1993–1994），當時他負責協調對蘇聯的戰略和政策。克林頓總統因艾利森在“重塑美國與俄羅斯、烏克蘭、白俄羅斯及哈薩克斯坦的關係、減少蘇聯核武庫”方面的貢獻而授予艾利森傑出公共服務國防獎章（Defense Medal for Distinguished Public Service）。

在私人部門領域，艾利森教授曾擔任蓋蒂石油公司、法國外貿銀行、資產管理公司 Loomis Sayles、Hansberger 公司、陶布曼中心、Joule Umlimited 公司和石油天然氣公司 Belco 的董事，以及大通銀行、化學銀行、魁北克省水電公司和國際能源公司諮詢委員會的成員。

CCG 與艾利森教授的交往

CCG 的使命之一是在中國與世界之間搭建起一座橋樑。每年，CCG 都會在北京總部邀請世界各地的眾多演講者發表演說。CCG 還致力於為加強中外學者、商界領袖、決策者和青年人的對話搭建各種專門渠道和平台，包括年度論壇、研討會和品牌活動，如“中國全球智庫創新年會”“中國與全球化論壇”“中國企業全球化論壇”等。CCG 代表也頻繁參與國際活動，與來自世界各地的人士交流觀點。

近年來，通過這項工作，我們有幸與格雷厄姆·艾利森進行了幾次深入討論，本書詳細地引用了這些討論。2019 年 3 月 22 日，艾利森在 CCG 北京總部舉辦的 2019 哈佛大學中國校友政策論壇上發表了“如何避免修昔底德陷阱”（How to Escape the Thucydides Trap）

的演講。新冠疫情發生後，CCG 轉為在綫上舉辦活動，艾利森非常積極地參加了“CCG 對話全球”系列節目的兩次綫上討論。2021 年 4 月 6 日，艾利森與我、中國人民大學國際安全與戰略中心主任李晨進行了一場討論，題為“再論修昔底德陷阱：中美關係展望”（Thucydides's Trap Revisited: Prospects for China-US relations）。2022 年 3 月 3 日，艾利森和我又進行了一場關於“大國關係的未來：中美將如何共存？”（The Future of Great Power Relations: How can the US and China Co-Exist?）的討論。2023 年 7 月 31 日，我赴美國時專程到哈佛大學肯尼迪政府學院拜訪他，我們就中美關係、大國競爭與全球化的未來等話題進行了深度交流。

我們衷心感謝艾利森願意參加 CCG 組織的這些活動，並非常重視他多年來與我們分享的見解。本書的編撰靈感和材料來自我與他之間多次深入的線上對話，包括他在 CCG 總部的演講和交流、他參加 CCG 在慕安會上舉辦的論壇時的發言、2023 年夏天我與他在哈佛大學肯尼迪政府學院的深入交流和探討，以及他最近一兩年的一些新思想。在本書中，我設計了許多我關注的熱點問題，以問答的形式來呈現艾利森教授的觀點，並盡力公平和準確地表達他的思想和意圖。但需要指出的是，本書中每一個具體提問的答案不應被視為艾利森教授給出的全部或最終回答。

本書宗旨

如上所述，格雷厄姆·艾利森的工作已經引起了相當程度的關注，尤其是自《注定一戰》一書出版以來。自那以後，隨著中美關係由於貿易爭端、新冠疫情、台灣問題等因素變得越來越複雜，艾利森教授關於中美關係工作的重要性更加提升，也引發了政策制定者、研究人員和年輕讀者的更大興趣。

修昔底德陷阱已經成為海內外決策層和廣大公眾理解中美關係時廣泛引用的一個框架。然而，許多讀者對修昔底德陷阱和艾利森教授關於中美關係的廣泛工作仍不熟悉，對該論點及其影響只有膚淺或不準確的理解。

例如，一個常見的誤解是，根據修昔底德陷阱聲稱的崛起大國和居於主導地位的守成大國之間的戰爭是"不可避免的"，由此推斷美國和中國之間的戰爭是"不可避免的"。艾利森已經花了一些時間反駁這個"稻草人謬誤"，並將其收入《注定一戰》的附錄中，他指出，在案例檔案中的 16 個案例中，4 個沒有走向戰爭。與其說修昔底德陷阱聲稱中美之間注定要有一戰，不如說該論點警告人們大國之間爆發戰爭的可能性，因此這意味著我們有責任共同努力來避免這種不可想象的可能性。然而，在公眾關於修昔底德陷阱的討論中，這種對艾利森教授觀點的誤解，以及其他幾種誤解一直存在。因此，本書的首要目的是以易於理解的形式向更多讀者介紹修昔底德陷阱的含義，並澄清一些對艾利森教授觀點的誤讀。

本書的第二個主要目的是，在艾利森教授自《注定一戰》出版以來發表的文章、演講和採訪的基礎上，更新其對修昔底德陷阱的論述和對中美關係的分析。特別是自艾利森在 2017 年著作中對戰爭的風險做出有說服力的論證後，艾利森教授花費了大量的精力尋求避免戰爭、“跨越陷阱”的方法。在本書中，我們希望總結艾利森近期的工作及其迄今為止提出的如何避免戰爭的方法，以便政策制定者、學者和學生可以吸收、思考和討論。

本書內容

本書第一至第三章引用了艾利森關於修昔底德陷阱、中美關係及相關話題的演講、文章、採訪和討論的部分內容。如前所述，本部分內容涵蓋了他與我在 2019、2021 和 2022 年所進行的三次深入討論。本書還引用了《注定一戰》中部分內容，以及貝爾弗中心編寫的、由格雷厄姆·艾利森主持的重要研究“偉大的競爭：21 世紀的中國與美國”（The Great Rivalry: China vs. the U.S. in the 21st Century）系列報告的部分內容。貝爾弗中心欣然同意我們在本書中使用這些內容。在時間綫上，大部分引文選自艾利森教授在《注定一戰》（2017）出版後到 2022 年夏天這段時間的發言和文章，少數相關引文選自 2012 年前的資料。

為了使艾利森教授的觀點易於理解，我們以問答的形式呈現引文，靈感來自於格雷厄姆·艾利森在其 2013 年的著作《李光耀論中國與世界》中採取的形式。直接來自艾利森的引文作為回答列在文中，而作者的補充評論則用不同字體表示，以使文章清晰。

本書按主題劃分章節。第一章“再論修昔底德陷阱”向讀者介紹了修昔底德陷阱這個大概念的基本前提，回答了誰是修昔底德、他如何理解戰爭的起因、近因與結構性因素之間的區別、什麼是“陷阱”以及它如何導致戰爭、修昔底德陷阱的歷史教訓、修昔底德陷阱對21世紀的中美關係有什麼意義等問題。

第二章“結構性變化”探討了中美關係的深層結構性因素，特別是自冷戰結束、單極世界形成以來中美的相對實力變化。本章借鑒了艾利森教授團隊參與的貝爾弗中心“避免大國戰爭”項目的部分研究，引用了艾利森教授對中美兩國力量平衡和競爭的關鍵方面的現狀和趨勢的評估，即經濟、金融、科技、軍事和外交。本章節的最後一部分探討了艾利森教授關於這些結構性變化對國際秩序和中美在國際秩序中角色的影響，包括“單極世界”時代之後的形勢，“勢力範圍”的回歸，全球化的未來，以及為何中美“注定要共存”。

第三章“中美真的‘注定要有一戰’嗎”超越了前述章節論述的雙邊關係的結構性因素，深入探討了雙方之間真實存在戰爭可能性這個問題，尤其是在雙方都不想發生戰爭的情況下。本章介紹了艾利森教授對雙邊競爭狀態的看法；可能影響戰爭幾率的因素——如人性、野心和意圖，以及文化和政治因素；和“通往戰爭的途徑”——可能導致美國和中國發生軍事衝突的導火索和一系列事件。

第四章“跨越陷阱的方法”擷取了格雷厄姆關於中美如何才能避免修昔底德陷阱和避免爆發大國戰爭的觀點和意見。在尋找“跨越陷阱的方法”的過程中，格雷厄姆·艾利森再次求諸於歷史，為如何防止戰爭發生提供靈感，包括深入研究中國歷史和他專長的冷戰領域，來尋找美國和中國領導人在尋求重新定義雙邊關係和防止衝突發生時可以借鑒的經驗。

最後，本書以作者的後記“超越修昔底德陷阱”結尾，指出了一些其他“陷阱”和歷史案例，這或許能為如何為中美關係制定一個和平的發展路綫提供參考。

第一章

再論修昔底德陷阱

> 正是雅典的崛起以及由此引發的斯巴達的恐懼，致使戰爭不可避免。
>
> ——修昔底德

> 只要人性不變，歷史就會不斷重演。
>
> ——修昔底德

在西方，修昔底德被視為“歷史科學之父”。他曾是雅典城邦的一名將軍，寫下了《伯羅奔尼撒戰爭史》，該書被許多西方學者認為是有史以來第一部歷史書。伯羅奔尼撒戰爭爆發於公元前五世紀，交戰雙方是雅典和斯巴達，這場戰爭毀滅了修昔底德的祖國，後來幾乎毀滅了整個古希臘，摧毀了古希臘的兩個主要城邦。

修昔底德目睹了他的家鄉雅典崛起，挑戰當時希臘的主導力量 —— 斯巴達這個尚武的城邦。他觀察雙方的敵對行動，描述了爭鬥的可怕代價。他沒能活著看到戰爭的結束。然而，這對修昔底德來說可能是件好事，因為最後斯巴達打敗了雅典。

艾利森教授寫到，修昔底德是歷史學的先驅，因為他是最早記錄真實歷史的作家之一。他沒有把戰爭歸結為命運的力量或神的旨意，而是人類選擇的結果。[1] 他認為人性 —— 特別是利益、恐懼和榮譽的相互影響 —— 是理解國家關係的最佳視角。這可以被看作是一種深刻的現實主義視角。

---

1 Graham Allison, “The ‘Wonder Woman’ guide to avoiding war with China: It might take a woman,” *USA Today*, July 7, 2017.

王輝耀：修昔底德如何理解伯羅奔尼撒戰爭爆發的原因？

艾利森：其他人只是羅列出伯羅奔尼撒戰爭爆發的一系列原因，修昔底德卻直指問題核心。當將關注點轉向“雅典的崛起和由此引發的斯巴達的恐懼”時，他發現了歷史上一些最具災難性和令人困惑的戰爭的根本原因。無論是否有意，當一個崛起大國威脅到守成大國的主導地位時，由此導致的結構性壓力使暴力衝突成為慣例，而不是意外。這種情況發生在公元前 5 世紀的雅典和斯巴達之間，發生在一個世紀前的德國和英國之間，在 20 世紀 50–60 年代也幾乎導致蘇聯和美國走向戰爭。[1]

像其他許多國家一樣，雅典相信它的發展是有益的。在衝突發生前的半個世紀裏，雅典達到了文明的巔峰，在哲學、戲劇、建築、民主制度、歷史和海軍實力方面達到前所未有的高度。雅典的快速發展開始威脅到斯巴達，而斯巴達已經習慣了它在伯羅奔尼撒半島上的主導地位。隨著雅典人愈加自信和自豪，他們也愈發要求獲得相應的尊重，期望改變城邦之間的關係以反映新的實力對比情況。修昔底德告訴我們，這是國家地位變化帶來的正常反應。雅典人怎麼能不認為他們的利益應該得到更多重視？雅典人怎麼可能不期望他們在解決分歧上有更大的影響力呢？[2]

---

1 Graham Allison, *Destined for War: Can America and China Escape Thucydides's Trap?* Scribe Publications, 2017, xv.

2 Graham Allison, *Destined for War: Can America and China Escape Thucydides's Trap?* Scribe Publications, 2017, xv.

但修昔底德也指出，斯巴達人認為雅典人的要求是無理的甚至是忘恩負義的，這也是很自然的事。斯巴達人理所當然地提出，是誰提供了安全的環境讓雅典得以發展繁榮？當雅典越來越認識到自己的重要性，認為自己有資格擁有更大的發言權和影響力時，斯巴達感到不安和恐懼，並決心捍衛現狀。[1]

王輝耀：修昔底德如何指導我們區分近因和結構性原因？

艾利森：人類事務中因果關係的複雜性一直困擾著哲學家、法學家和社會科學家。在分析戰爭爆發的原因時，歷史學家主要關注近因，或者說直接原因。"一戰"爆發的近因包括暗殺哈布斯堡王朝皇儲弗朗茨·斐迪南（Franz Ferdinand）大公，以及沙皇尼古拉斯二世決定調動俄羅斯軍隊對抗軸心國。如果古巴導彈危機引發了戰爭，那麼近因可能是蘇聯潛艇艇長決定發射魚雷而不是讓潛艇下潛，或者是土耳其飛行員錯誤地將核武器投向莫斯科。戰爭的近因無疑是很重要的，但歷史科學之父認為，導致流血衝突的最明顯的原因掩蓋了更深層次的原因。修昔底德告訴我們，與引發戰爭的導火索相比，奠定戰爭基礎的結構性原因更為重要。在這種形勢下，原本可控的事件升級到不可預見的嚴重程度，產生難以預料的後果。[2]

---

1 Graham Allison, *Destined for War: Can America and China Escape Thucydides's Trap?* Scribe Publications, 2017, xv.

2 Graham Allison, *Destined for War: Can America and China Escape Thucydides's Trap?* Scribe Publications, 2017, xiv.

王輝耀：什麼是"修昔底德陷阱"？

艾利森："修昔底德陷阱"這個術語是我在七八年前[1]創造的，用於形象地描述修昔底德的洞見。這是他的觀點，不是我的。修昔底德陷阱是指，當一個崛起大國威脅到守成大國的主導地位時，往往會導致戰爭。伯羅奔尼撒戰爭發生在 2400 年前的希臘，當時中國大約是孔子生活的時期。[2] 修昔底德的著名論斷是，雅典的崛起令人矚目並產生了很大影響，這令已經統治希臘 100 年的斯巴達產生了恐懼，由此引發了戰爭。[3]

修昔底德陷阱指的是，當一個崛起大國威脅到守成大國的統治地位時，自然發生的、不可避免的混亂。這種現象可能發生在任何領域，但在國際事務中的影響是最危險的。正如修昔底德陷阱的第一個案例導致了一場使古希臘沒落的戰爭一樣，這一現象在幾千年來一直困擾著外交界。[4]

王輝耀：歷史經驗顯示，修昔底德陷阱將帶來什麼危險？

---

1 艾利森教授 2019 年語，參見他在 2019 哈佛大學中國校友公共政策論壇暨的演講《如何避免修昔底德陷阱》。——譯者註

2 伯羅奔尼撒戰爭，發生於公元前 431 — 前 404 年；孔子的生卒年為公元前 551 — 前 479 年。——編者註

3 Graham Allison, "How to Escape the Thucydides Trap" speech given at the 2019 Harvard Alumni China Public Policy Forum, Center for China and Globalization, Beijing, March 22, 2019.

4 Graham Allison, *Destined for War: Can America and China Escape Thucydides's Trap?* Scribe Publications, 2017, xvi.

艾利森：在我的書中，我考察了過去 500 年的歷史，發現了 16 個崛起大國威脅到守成大國主導地位的案例，其中 12 個案例以戰爭結束，4 個案例沒有走向戰爭。我在書中討論了這些案例。你也可以在“修昔底德陷阱網站”上找到這些案例，[1] 網站上有它們的來源資料以及相關討論。每個案例的具體情況都是不同的，這很有趣。但這些案例大體上顯示，一般來說，當雅典崛起、100 年前德國崛起以及如今中國崛起，並試圖取代居於支配地位的國家 —— 斯巴達、統治了世界 100 年的大英帝國和打造美國世紀的美國，或擾亂它們的統治的時候，暴力衝突就會發生。

但 4 個修昔底德陷阱案例沒有走向戰爭。因此，認為戰爭是不可避免的是嚴重的錯誤。戰爭並不是不可避免的，但存在著爆發戰爭的巨大風險。的確，更多情況下，修昔底德陷阱以戰爭結束。[2]

在所有這些案例中，修昔底德發現的國家間競爭關係的基本發展脈絡都很清晰，我們在修昔底德陷阱項目中形象地將其定義為“崛起國綜合症”和“守成國綜合症”。前者指崛起國的自我意識不斷增強，要求強化自身利益、獲得更大的承認和尊重，後者基本上是前者的鏡像，指守成國在受到“衰落”的威脅時，表現出過度的恐懼和不安全感。國家之間的外交就像兄弟姐妹之間的競爭一樣，人們會發現

1 讀者可以訪問貝爾弗中心網站查看全部修昔底德陷阱案例：https://www.belfercenter.org/thucydides-trap/case-file。

2 Graham Allison, “How to Escape the Thucydides Trap” speech given at the 2019 Harvard Alumni China Public Policy Forum, Center for China and Globalization, Beijing, March 22, 2019.

在餐桌上發生的事情和在國際會議上發生的事情都以意料之中的方式發展。崛起國認為自己越來越重要（“我說了算”），因而期望獲得更多承認和尊重（“聽我說”），並要求發揮更大的影響力（“我堅決要求”）。同理，守成國認為崛起國的這種過度自信是對自己的不尊重、忘恩負義，甚至是挑釁或威脅。[1]

王輝耀：修昔底德陷阱對 21 世紀的美中關係有什麼意義？

艾利森：如果修昔底德目睹了這一切，他會說中國和美國正按照劇本夢遊般地走向可能是有史以來最大的衝突……就像亨利・基辛格所說的那樣，（修昔底德陷阱）這個框架為看透當前的喧囂、了解深層力量如何發揮作用提供了最好的視角。[2]

當崛起國威脅到守成國的主導地位，這種危險的局勢就構成了修昔底德陷阱。想想今天的中國和美國。中國是正在崛起還是已經崛起？是的，中國比歷史上任何一個國家發展得都更快、更全面，中國已經發展壯大，並將繼續發展。這對美國有什麼影響？中國實現自己的夢想，將必須且不可避免地侵佔美國已經習以為常的在每個啄食順

---

1 Graham Allison, *Destined for War: Can America and China Escape Thucydides's Trap?* Scribe Publications, 2017, 43.

2 Graham Allison. "How Trump Could Stumble From a Trade War Into a Real War with China." *The National Interest*, April 20, 2018.

序[1] 頂端的位置和特權。[2]

我在書中提出的觀點（如果你尚未讀過此書我也期待你去思考），是當前美中關係的典型特徵是殘酷的競爭，在我能預見到的未來內都是如此。因此，一個崛起的中國（正在尋求"中華民族的偉大復興"，積累了一代人的努力，並將繼續崛起和變得更加強大）在競爭中將損害美國作為統治霸主的地位和特權，而美國人相信自己天然排在每一個啄序的第一位。[3]

在 21 世紀初，美國是所有國家的主要貿易夥伴。到 2021 年，中國幾乎是所有國家的主要貿易夥伴。一代人以前，美國是世界工廠。今天，世界工廠成了中國。因此，就結構性現實而言，崛起的中國正在影響佔統治地位的美國。我在書中把這比作"權力的蹺蹺板"，中國會不可避免地變得更強大、更富裕、更有影響力，這就是修昔底德競爭的本質。這種崛起改變了權力的結構，即蹺蹺板兩端的崛起國和佔統治地位的守成國的力量對比……我知道很多中國同行不想接受這個論點，他們認為中國並沒有真正崛起，但事實上中國已經崛起了或者說中國崛起的方式是不同的。我想說，最好還是把這看成自修昔

1 啄食順序，指群居動物通過爭鬥而獲取優先權和較高地位等級的自然現象。—— 譯者註

2 Graham Allison, "How to Escape the Thucydides Trap" speech given at the 2019 Harvard Alumni China Public Policy Forum, Center for China and Globalization, Beijing, March 22, 2019.

3 Graham Allison, "Thucydides's Trap Revisited: Prospects for China-US relations", CCG Global Dialogue with Wang Huiyao and Li Chen April 6, 2021.

底德記錄下的雅典和斯巴達戰爭以來我們所看到的另一個實例。[1]

在可見的未來，決定全球秩序的關鍵問題是中美是否能避免修昔底德陷阱。大部分修昔底德陷阱案例都以失敗結尾。過去 500 年中出現了 16 個崛起大國威脅到守成大國統治地位的案例，其中 12 個案例最終走向戰爭，在 4 個沒有走向戰爭的案例中，雙方都在態度和行動上做出了巨大、痛苦的調整。

美國和中國同樣可以避免戰爭，但前提是他們能夠接受以下難以接受的現實。第一，按目前的發展趨勢，未來數十年中美之間不僅有爆發戰爭的可能性，而且這種可能性還比目前認為的要高得多。事實上，從歷史經驗來看，發生戰爭的可能性比不發生的要大。而且，低估戰爭爆發的風險會導致戰爭更有可能發生。如果北京和華盛頓的領導人繼續沿著過去十年的路綫走，美國和中國幾乎肯定會陷入戰爭。第二，戰爭並不是不可避免的。歷史上，守成大國可以處理好與競爭對手的關係，即使是那些威脅到他們地位的對手，而不引發戰爭。這些成敗的案例為今天的政治家提供了許多經驗教訓。就如喬治・桑塔亞納（George Santayana）[2] 所說的那樣，忘記過去的人注定要重蹈覆轍。[3]

---

1 Graham Allison, "Thucydides's Trap Revisited: Prospects for China-US relations", CCG Global Dialogue with Wang Huiyao and Li Chen April 6, 2021.

2 George Santayana，1863–1952，西班牙裔美國哲學家。—— 譯者註

3 Graham Allison, *Destined for War: Can America and China Escape Thucydides's Trap?* Scribe Publications, 2017, xvii.

第二章
結構性變化

中國對世界的平衡態勢構成了強烈的衝擊，以至於世界必須尋求一種新的平衡。僅僅將中國視作另一個實力雄厚的棋手是不可能的，中國是世界上有史以來最大的參與者。

——李光耀[1]

過去 20 年裏，中國比歷史上任何國家崛起得都更快，發展得也更全面。鑒於中國所取得的成績，他已成為世界唯一超級大國的重要競爭對手。用捷克前總統瓦茨拉夫・哈維爾（Vaclav Havel）的話來說，這一切發生得太快，我們甚至來不及驚訝。

——格雷厄姆・艾利森[2]

修昔底德的觀點和“修昔底德陷阱”概念並沒有糾結於來自華盛頓和北京的每日新聞頭條和言論，而是指引我們關注中美之間的深層結構性關係，以及如果要建立和平關係，雙方為何必須管控好深層“結構性變化”帶來的壓力。正如艾利森教授所寫的那樣，儘管“決策者可以否認結構性現實，但他們無法逃避這些現實”[3]。

在我們有生之年發生的最重要的結構性變化，是中國崛起帶來

1 引自 Graham Allison. “The US-China Relationship After Coronavirus: Clues from History”，*COVID-19 and World Order.* ed. Hal Brands and Francis J. Gavin（Baltimore: Johns Hopkins University Press, 2020）, 392。

2 Graham Allison. “The Great Rivalry: China vs. the U.S. in the 21st Century.” Paper, Belfer Center for Science and International Affairs, Harvard Kennedy School, December 7, 2021, https://www.belfercenter.org/publication/great-rivalry-china-vs-us-21st-century.

3 Graham Allison. “Grave New World.” *Foreign Policy,* January 15, 2021.

的全球權力平衡變化。2019 年在 CCG 做演講時，格雷厄姆這樣描述我們所處的結構性局勢："中國正在崛起，並將為了自身利益繼續崛起。同時，美國將試圖繼續領導國際秩序，因為在這個國際秩序下，大國之間保持了 70 年沒有發生戰爭，這對世界是有益的，美國人認為繼續扮演這個角色是他們的使命。這種競爭帶來了爆發衝突的風險。"[1]

為了更好地理解和記錄過去 20 年發生的權力平衡變化，艾利森教授主持了一項以"偉大的競爭：21 世紀的中國與美國"（The Great Rivalry: China vs. the U.S. in the 21st Century）為題的研究，該研究是貝爾弗中心"避免大國戰爭"（Avoiding Great Power War）項目的一部分。這項研究最初是 2020 年 11 月美國總統大選後為拜登新政府準備的備忘錄集的一部分，後來作為貝爾弗系列研究報告發表，內容涉及美中競爭的關鍵方面：經濟、科技和軍事。每篇報告都嚴謹地評估了美國和中國的相對實力，界定比較兩國在不同領域實力的最佳指標和標準，總結關鍵的發展成績，衡量雙方當前在競爭中的位置。本章引用了《偉大的競爭》系列報告的主要結論以及艾利森教授近年來就這一主題發表的其他文章和文件，來回答美國和中國在經濟、科技和軍事等三個領域的"競爭狀況"的關鍵問題，以及這種狀況對世界意味著什麼。

---

1 Graham Allison, "How to Escape the Thucydides Trap" speech given at the 2019 Harvard Alumni China Public Policy Forum, Center for China and Globalization, Beijing, March 22, 2019.

王輝耀：中國“崛起”了嗎？

艾利森：回答是“是的。”⋯⋯在 1978 年啟動改革開放的時候，有多少中國人在一天不到 2 美元的生活水準上掙扎？這是世界銀行界定的“赤貧”標準。有誰知道多少中國人每天的生活費不到 2 美元？90%，10 個人裏面有 9 個人每天的生活費不足 2 美元。如果一天只有 2 美元的生活費，那麼你每天的大部分時間都在努力為自己和家人找到足夠的食物，只是勉強掙扎著生存。

40 年後，這 90% 的人怎麼樣了？今天，這 90% 的人口已經減少到了 1%。99% 的中國人已經擺脫了貧困，這大約是 8 億人口。這是前所未有的減貧奇跡，習近平宣佈中國於 2020 年底消除世界銀行標準的絕對貧困。

中國崛起了嗎？來自哈佛的觀眾，你們可能記得肯尼迪學院和商學院外面那座橋。我在辦公室裏就能看見。這座橋籌建的時候，我還是肯尼迪政府學院的院長。我在 1989 年卸任。這座橋是在 2012 年開工的，據說工期兩年，到 2014 年完工。但是它沒能如期竣工。又花了 1 年時間，到 2015 年時，他們說還要再花一年。告訴我們什麼時候才能完工⋯⋯直到 2017 年，工程才終於完工，費用比預算高出三倍。北京也有一座類似的橋，叫三元橋，車道數量大約是哈佛這座橋的兩倍。2016 年，北京市政府決定翻修三元橋。他們用了多長時間？你可以去 YouTube 上看看，我在 TED 演講中也提到了 ——他們用了 43 小時。43 小時！我曾經和一位來參加研究生管理培訓的北京市副市長說，如果他能帶一隊人來哈佛建好這座橋的話，我就捐一筆錢[1]。

王耀輝：中國成功減貧的意義是什麼？我們可以從中學到什麼？

艾利森：1978 年，每 10 個中國人中就有 9 個靠著每天不到 2 美元的費用勉強度日，這是世界銀行規定的"絕對貧困綫"。今天，幾乎沒有中國人還處於絕對貧困綫下。事實上，2004 年時美國貿易代表羅伯特・佐利克（Robert Zoellick）就慶祝中國減少了一半極端貧困人口，這是對聯合國千年發展目標的貢獻。羅伯特・佐利克將其稱為"有史以來減貧領域的最大進步"，他在報告中說："從 1981 年到 2004 年，中國成功地使 5 億多人擺脫了極端貧困。"

40 年的奇跡增長極大地提高了更多人的生活水平，這在中國 5000 多年的歷史上是從未有過的。[2]

中國人民理應為他們的個人努力和在政府領導下所取得的成就而感到自豪。但他們也認識到，他們之所以能夠取得這樣的成就，是因為美國在"二戰"後在亞洲建立的國際經濟和安全秩序、並維持了這個秩序 70 年。這個秩序促成了所有亞洲奇跡 —— 其中最重要的就是

1 Graham Allison, "How to Escape the Thucydides Trap" speech given at the 2019 Harvard Alumni China Public Policy Forum, Center for China and Globalization, Beijing, March 22, 2019.

2 Graham Allison, Nathalie Kiersznowski and Charlotte Fitzek. "The Great Economic Rivalry: China vs the U.S.." Paper, Belfer Center for Science and International Affairs, Harvard Kennedy School, March 23, 2022, p.10.

現代中國。如果能夠理解只有合作才能創造如此顯著的成就，是否能讓兩個國家認識到彼此可以共同努力來減少持續困擾世界其他地區數十億人口的發展落後和貧困？如果雙方能合作進行這樣崇高和互利的事業，那也許可以激發更多想象力，讓雙方找到在不通過戰爭的情況下保護和促進己方重要國家利益的辦法。[1]

王輝耀：你如何描述美中關係的整體結構性發展趨勢？

艾利森：在歷史大背景下來看，兩國關係發生變化的根本原因是中國的崛起。只要中國不崩潰，就會繼續崛起。目前，中國的人均國內生產總值（GDP）是美國的 1/4，當然，中國的人口還是美國的四倍。以目前的趨勢看，中國的生產效率為什麼不能像韓國的一樣高？當然，中國能達到。如果中國的生產效率像韓國的一樣高，那麼中國的人均 GDP 會超過美國的 1/2，GDP 總額將達到美國的兩倍。因此，隨著中國在各個領域的崛起，已經對自己各方面都是第一習以為常的美國人將發現自己的國家會被超越。

在 21 世紀初，美國是所有國家的主要貿易夥伴。到 2021 年，中國幾乎是所有國家的主要貿易夥伴。一代人以前，美國是世界工廠。今天，世界工廠成了中國。因此，就結構性現實而言，崛起的中國已

---

1 Graham Allison, "China's anti-poverty drive has lessons for all,"*China Daily*, August 11, 2018, http://www.chinadaily.com.cn/a/201808/11/WS5b6e33cfa310add14f38532c.html.

經影響到美國的統治地位。[1]

王輝耀：自美國贏得冷戰以來，美中相對實力發生了什麼變化？

艾利森：簡單來說是結構性變化。歷史上從來沒有一個崛起國在這麼多不同領域上升的幅度這麼大、速度這麼快。歷史上也從來沒有一個守成國發現自己的相對地位變化得這麼快[2]。

我們的主要研究發現不會令那些關注這個議題的人感到驚訝：即一個對美國來說，在大多數比賽中很難在後視鏡中看見的中國，現在已經緊跟著我們，或是和我們並肩而行，在某些領域還要在我們前面一點。對政策界來說，最大的啟示是，應該摒棄將中國作為"近乎旗鼓相當的競爭對手"的看法，而美國國家情報總監辦公室在 2021 年 3 月發佈的《全球威脅評估》[3] 報告中堅持這樣稱呼中國。我們必須承認，中國現在"在各方面都是旗鼓相當的競爭對手"。事實上，中國是守成國有史以來面對的最強大的崛起對手。[4]

---

1 Graham Allison, "Thucydides's Trap Revisited: Prospects for China-US relations," CCG Global Dialogue with Wang Huiyao and Li Chen April 6, 2021.

2 Graham Allison, "The US-China Relationship After Coronavirus: Clues from History," *COVID-19 and World Order.* Ed. Hal Brands and Francis J. Gavin. Johns Hopkins University Press, 2020, p.391.

3 艾利森教授原文是 Global Threat Assessment，但據報告發表部門應為 Annual Threat Assessment。—— 譯者註

4 Graham, Allison "The Great Rivalry: China vs. the U.S. in the 21st Century," Paper, Belfer Center for Science and International Affairs, Harvard Kennedy School, December 7, 2021.

王輝耀：崛起的中國如何影響到美國？

艾利森：在各方面都有可能……2014 年，我為參議員約翰・麥凱恩（John McCain）領導的軍事委員會畫了一幅漫畫，幫助他們理解奧巴馬政府的重大亞洲政策。奧巴馬政府的亞洲政策主要是什麼？一些人稱之為"再平衡"，即重返亞太戰略。我曾將美國和中國比作操場上坐在蹺蹺板兩端的兩個孩子，他們的體量以各自的 GDP（以購買力平價計算）代表。

以購買力平價計算，2004 年，中國的 GDP 大約是美國的一半；2014 年，中國的 GDP 略高於美國，按當前的發展趨勢，到 2024 年，中國的 GDP 將是美國的 1.5 倍。當美國還在辯論所謂的再平衡戰略，即減少對在中東作戰的重視、從而將更多資源轉向亞洲時（這是美國的未來所在，蹺蹺板已經從根本上發生了變化），美國的兩手策略都抓不牢了。隨著 GDP 的變化，兩國的實力對比發生了結構性變化。這意味著什麼？這意味著美國的方方面面都會受到影響。貿易是一個例子。21 世紀初，美國是每個亞洲國家最主要的貿易夥伴，但自 2017 年開始，中國成為每個亞洲國家最主要的貿易夥伴。因此，隨著中國的崛起，其將不可避免地取代美國習以為常的地位和特權。[1]

中國不只正在崛起，而且其實力已經上升到了在經濟、科技、軍

1 Graham Allison, "How to Escape the Thucydides Trap" speech given at the 2019 Harvard Alumni China Public Policy Forum, Center for China and Globalization, Beijing, March 22, 2019.

事、外交和政治方面顛覆冷戰後秩序的水平……是時候將中國當作美國的全方位的旗鼓相當的競爭對手了。就此而言，中國所構成的地緣政治挑戰比任何在世的美國人見過的都嚴峻。[1]

對建國 244 年的美國來說[2]，中國構成了最為複雜的國際挑戰。與經濟上被孤立、科技上受到限制的蘇聯不同（蘇聯的 GDP 從未達到美國的一半），中國擁有能夠成長得比美國更強大的資源。因此，中國不僅是俄羅斯的孿生兄弟、另一個大國競爭對手，而且其迅速崛起正在改變權力的基本結構。[3]

王輝耀：華盛頓對你的研究反應如何？你認為他們願意接受中國的崛起嗎，還是不願接受這種變化？

艾利森：我認為華盛頓對中國崛起普遍持懷疑態度，甚至出現了分歧……對許多美國人來說，作為"世界第一"是我們身份認同的核心內容。與一個和我們旗鼓相當（在某些領域甚至超過我們）的國家打交道是一個難以理解的命題。……我們面對的是"一組並不令人舒適的問題，許多人寧願迴避這些問題也不足為奇"。但就像有句話說的那樣：不管你信不信，現實就是這麼殘酷。我寫《注定一戰》這本書就是要給華盛頓敲響警鐘，我擔心美國會夢遊般與中國走向戰

1 Graham Allison. "The Geopolitical Olympics: Could China Win Gold?." *The National Interest*, July 29, 2021.

2 引自艾利森教授於 2021 年 1 月發表的文章。——編者註

3 Graham Allison, "Grave New World," *Foreign Policy*, January 15, 2021.

爭。我認為這本書已經起到了一些作用。[1]

具有中國特色的市場經濟取得了成功，使中國超過美國成為世界上最大的經濟體（以購買力評價計算），這震驚了觀察家們，尤其是美國人。一想到有一個國家會變得比我們更強大，美國人的“我們自己理所應當成為世界領袖”的觀念就會受到挑戰。但對中國的崛起視而不見，並不能淡化這個事實。[2]

1. 經濟競爭

> 在 21 世紀的棋局上，經濟實力平衡已經變得和軍事實力平衡同樣重要。
>
> ——格雷厄姆．艾利森[3]

王輝耀：在理解美中競爭上，為何我們要關注經濟指標如 GDP？經濟實力和權力之間有什麼關係？

艾利森：國民生產總值不代表一切，但它構成了國際關係中權力的下層結構。它為國家的軍事和情報能力建設、技術發展提供資金，使國家有經濟能力通過進口、出口、投資和低息貸款或援助影響其他

---

1 Graham Allison, “China, America and the Thucydides Trap: An interview with Graham Allison,” *Lowy Institute for International Policy,* August 23, 2017.

2 Graham Allison, “China’s anti-poverty drive has lessons for all,” *China Daily*, August 11, 2018, http://www.chinadaily.com.cn/a/201808/11/WS5b6e33cfa310add14f38532c.html.

3 Graham Allison. “Grave New World.” *Foreign Policy,* January 15, 2021.

國家。[1]

儘管跑得快的並不總能贏得比賽，強大的國家並不總能贏得戰鬥，但 GDP 規模更大的國家在國際關係中歷來擁有更大的權力。正如亞當・斯密（Adam Smith）曾教給我們的那樣，貿易使賣方和買方都富裕起來，為所有人創造更大的蛋糕，但它也導致了不對稱的相互依存關係網，令一些國家比其他國家更有優勢。對製造業的投資反映了企業對哪裏能夠以最低成本生產最好產品的判斷。雖然沒有人否認這些選擇對一個國家相對於另一個國家的製造業實力有影響，但這不是企業關心的事情。金融公司通過以最低風險為客戶賺取最高回報獲得收益，而不考慮這導致一些國家的經濟增長是在其他國家利益受損的情況下形成的。[2]

除非經濟崩潰或體制破裂，中國將在未來某個時刻能夠為國防和情報機構提供比美國更多的預算。為了建立聯盟制約中國的行為，華盛頓必須吸引其他有實力的國家加入其權力的蹺蹺板一方。但這將比冷戰時期更具挑戰性。這不僅是因為每一個潛在盟友都有自己的利益、關切和優先事項，而且對其他大部分國家來說，中國代表著最重要的經濟關係。因此，它們也許會在一些安全議題上與美國結盟反對

---

1 Graham Allison. "China's geopolitics are pumped up by its economic success." *Financial Times*, October 4, 2020.

2 Graham Allison, Nathalie Kiersznowski and Charlotte Fitzek. "The Great Economic Rivalry: China vs the U.S.." Paper, Belfer Center for Science and International Affairs, Harvard Kennedy School, March 23, 2022, p.1.

中國，但在經濟議題上將與中國關係更加緊密。[1]

要應對中國帶來的挑戰，美國人必須直面嚴峻的現實：中國已經超過我們成為世界第一大經濟體。…… 這給美國安全帶來的影響並不難預測。經濟脫鈎將促成一個在世界舞台上更加自信的地緣政治參與者。[2]

王輝耀：近幾十年，美國和中國的相對經濟實力發生了什麼變化？

艾利森：在 IMF 所定義的"歷史上最大、持續時間最長的經濟繁榮"中，中國經濟在過去 20 年中增長了 10 倍，從 2000 年的 1.2 萬億美元增長到 2021 年的 17.7 萬億美元。在此期間，中國的實際增長率平均為每年 8.7% —— 第一個十年為 10.3%，第二個十年為 7.2%。因此，自 2008 年金融危機以來，每四年，中國的 GDP 就增加了大約一個印度的規模。同期，美國的 GDP 從 2000 年的 10.3 萬億美元增長到 2021 年的 24.0 萬億美元，在這 20 年中，實際年平均增長率僅為 2%。[3]

---

1 Graham Allison. "Grave New World." *Foreign Policy,* January 15, 2021.

2 Graham Allison. "China Is Now the World's Largest Economy. We Shouldn't Be Shocked." *The National Interest,* October 15, 2020.

3 Graham Allison, Nathalie Kiersznowski and Charlotte Fitzek. "The Great Economic Rivalry: China vs the U.S.." Paper, Belfer Center for Science and International Affairs, Harvard Kennedy School, March 23, 2022, p.9.

美國 GDP 佔全球的份額，在 1950 年時將近一半，1991 年時為 1/4，現如今已經下降到 1/7。中國一直是這種轉變的主要受益者。在過去一代人的時間裏，中國的 GDP（按購買力平價計算）已經飈升：從 1991 年為美國的 20% 到今天的 120%。[1]

王輝耀：中國的經濟實力將在何時超過美國？

艾利森：如果用傳統的標準 —— 市場匯率（MER）來衡量，自 2000 年以來，中國的 GDP 已經從 1.2 萬億美元飈升至 17.7 萬億美元。按照目前的趨勢，它將在 10 年內超過美國。根據美國中央情報局（CIA）和國際貨幣基金組織認為的比較國家經濟實力的最佳標準 —— 購買力平價，中國已經超過美國，成為世界上最大的經濟體。[2]

如果這兩個國家繼續按照目前的趨勢發展，到 2030 年，中國的經濟規模將是美國的兩倍…… 儘管會很痛苦，但美國人將不得不找到某種方式來接受這樣一個世界 —— 至少在某些領域，"中國是

---

1 Graham Allison. "The US-China Relationship After Coronavirus: Clues from History." *COVID-19 and World Order*. Ed. Hal Brands and Francis J. Gavin (Baltimore: Johns Hopkins University Press, 2020), p.391.

2 Graham Allison, Nathalie Kiersznowski and Charlotte Fitzek. "The Great Economic Rivalry: China vs the U.S" Paper, Belfer Center for Science and International Affairs, Harvard Kennedy School, March 23, 2022, p.2.

第一”[1]。

雖然中國面臨許多內部挑戰，但我們更有理由期待這一基本經濟趨勢延續下去，而不是打賭它將很快停止。中國人口數量是美國的四倍，如果中國工人變得像如今的葡萄牙工人那樣高效（也就是說，大約是美國人一半的效率），中國的國內生產總值將增長到美國的兩倍。[2]

傳統上，經濟學家使用一種名為市場匯率的工具來計算和比較 GDP。這種比較假定，在 7 元人民幣兌換 1 美元的市場匯率下，7 元人民幣在中國購買的商品與 1 美元在美國購買的商品數量相同。但正如艾利森教授在其報告《偉大的經濟競爭》中指出的那樣，真實情況顯然並非如此。

王輝耀：衡量美中兩國相對經濟實力的最佳指標是什麼？

艾利森：在購買從漢堡和智能手機到導彈和海軍基地的大多數產品時，中國人得到了更多的實惠。認識到這一點，在過去 10 年中，美國中央情報局和國際貨幣基金組織得出結論，有一個比市場匯率更好的衡量標準：購買力平價。購買力平價以每個國家用自己的貨幣可以購買多少其市場內出售的物品來比較國家經濟實力。

---

1 Graham Allison. “The Geopolitical Olympics: Could China Win Gold?.” *The National Interest*, July 29, 2021.

2 Graham Allison. “The New Spheres of Influence.” *Foreign Affairs*, March/April 2020.

在國家經濟實力年度評估中，美國中央情報局解釋了為何放棄市場匯率改用購買力平價作為衡量標準，“按官方匯率計算的 GDP 大大低估了中國相對於世界其他地區的實際產出水平。”因此，在美國中央情報局看來，購買力平價“為比較各經濟體的經濟實力和福祉提供了最佳起點”。國際貨幣基金組織補充道：“市場匯率波動較大，即使個別國家的增長率穩定，使用市場匯率也會在總體增長衡量標準體系中造成較大波動。”[1]

王輝耀：以購買力平價計算，美國和中國經濟實力相較如何？

艾利森：以購買力平價計算，我們可以比較美國和中國的相對經濟實力，就像它們是蹺蹺板兩端的兩個競爭對手一樣。結論顯而易見，令人痛苦。如果用購買力平價衡量，2000 年時，中國的經濟規模為美國的 36%。2020 年，國際貨幣基金組織發現中國的經濟規模已經達到美國的 115%，或超過美國 1/7。雖然奧巴馬總統、特朗普總統以及現任的拜登總統都在談論歷史性的“重返”亞洲，但蹺蹺板兩端的實力對比已經到了美國的兩隻腳都完全懸空的地步了。[2]

---

1 Graham Allison, Nathalie Kiersznowski and Charlotte Fitzek. “The Great Economic Rivalry: China vs the U.S” Paper, Belfer Center for Science and International Affairs, Harvard Kennedy School, March 23, 2022, p.12.

2 Graham Allison, Nathalie Kiersznowski and Charlotte Fitzek. “The Great Economic Rivalry: China vs the U.S” Paper, Belfer Center for Science and International Affairs, Harvard Kennedy School, March 23, 2022, p.12.

王輝耀：誰在貿易上佔上風？美國退出多邊自由貿易協定和中國加入《區域全面經濟夥伴關係協定》（RCEP）等新貿易協定有什麼影響？

艾利森：當 21 世紀開始時，中國正在敲開世界貿易組織（WTO）的大門，美國是大多數主要經濟體的主要貿易夥伴。今天，中國已經超過了美國，成為幾乎所有主要國家的最大貿易夥伴。

到 2018 年，130 個國家與中國的貿易額超過了它們與美國的貿易額，其中超過 2/3 的國家與中國的貿易額超過了與美國貿易額的兩倍。隨著 RCEP 在 1 月份[1] 開始實施，中國已經超過美國，成為世界最大自由貿易區的領導者。[2]

在加強其在現有世界貿易體系中的影響力和創建新的貿易協定和區域安排方面，中國也勝過了美國。在"二戰"後的世界中，美國是促進自由貿易的領導者，建立了關貿總協定（GATT）、北美自由貿易區（NAFTA）、世界貿易組織等。美國還帶頭設計了《跨太平洋夥伴關係協定》（TPP）。但由於國內政治反對派阻撓，它一直未能加入該協議。日本隨後接過接力棒，2018 年時，《全面與進步跨太平洋夥伴關係協定》（CPTPP）的 11 個成員建立了新的貿易規則。與此同時，中國得到大多數亞洲主要經濟體的支持，建立了 RCEP。RCEP

---

1 RCEP 於 2022 年 1 月 1 日正式生效。——譯者註

2 Graham Allison, Nathalie Kiersznowski and Charlotte Fitzek. "The Great Economic Rivalry: China vs the U.S" Paper, Belfer Center for Science and International Affairs, Harvard Kennedy School, March 23, 2022, p.14.

建立了一個包括中國、日本、韓國、澳大利亞、新西蘭和東盟 10 個成員國的貿易區，覆蓋 22 億人口。這個新貿易區現在是世界上最大的貿易區。它囊括了近 1/3 的全球 GDP，預計到 2030 年將為世界貿易增加 5000 億美元規模。此外，當美國因政治分歧仍舊陷於癱瘓而只能袖手旁觀時，中國現已經申請加入 CPTPP。[1]

同時，需要注意的是，中國也依賴外國供應鏈提供必需品。中國是世界上最大的食品和能源進口國，其對美國和其他高收入國家的出口在其經濟中發揮著核心作用。這些發達經濟體在世界貿易中的份額加起來比中國還大。因此，正如《金融時報》的馬丁·沃爾夫（Martin Wolf）所言，如果美國及其七國集團（G7）夥伴能夠行動一致，他們可以堅持制定那些貿易和金融規則，建立一個中國必須接受的公平競爭環境。例如，如果以前的美國政府加入了《跨大西洋貿易與投資夥伴協定》（TPP）和與歐盟簽署 TTIP，那麼美國就會成為一個覆蓋全球 GDP 近 60% 的經濟聯盟的"設計師"，在蹺蹺板上把只佔世界 GDP 16% 的中國蹺起來。[2]

雖然美國的跨國公司長期以來一直在全球經濟中佔據主導地位，但近年來，中國的跨國公司在規模和能力上都有所提升。正如艾利森

1 Graham Allison, Nathalie Kiersznowski and Charlotte Fitzek. "The Great Economic Rivalry: China vs the U.S" Paper, Belfer Center for Science and International Affairs, Harvard Kennedy School, March 23, 2022, p.16-17.

2 Graham Allison, Nathalie Kiersznowski and Charlotte Fitzek. "The Great Economic Rivalry: China vs the U.S" Paper, Belfer Center for Science and International Affairs, Harvard Kennedy School, March 23, 2022, p.22.

教授在他的報告《偉大的經濟競爭：中國與美國》中所指出的那樣，企業對主導地位的競爭遠未結束。

王輝耀：中國的貿易規模可能超過美國，但美國跨國企業在實力上不是保有更大優勢嗎？

艾利森：2020 年，《財富》（*Fortune*）雜誌用一個引人注目的標題宣佈，"全球 500 強中的中國企業數量超過美國企業"。自該雜誌開始發佈全球 500 強排名以來，這是中國第一次有 124 家企業上榜，超過美國的 121 家企業，位居榜首。20 年前，只有 10 家中國企業上榜（如今，中國和美國各自的企業數量都超過了日本、英國、法國和德國企業的總和）。

然而，美國和中國的跨國公司在盈利能力、品牌價值、行業地位和所有權方面仍存在較大差異：

在《財富》雜誌的全球 500 強企業中，美國公司的收入遙遙領先 —— 2020 年，美國企業的收入高達近 10 萬億美元，而中國企業的收入為 8.3 萬億美元。

美國企業的品牌價值也仍然領先中國企業的品牌價值。據品牌價值評估機構 Brand Finance，美國公司品牌的全部價值是中國公司的兩倍多（3.2 萬億美元對中國的 1.3 萬億美元）。美國仍然擁有最多的"獨角獸"企業 —— 估值超過 10 億美元的初創公司……《財富》全球 500 強中的企業在公司成分和行業方面也有很大不同。在《財富》

排行榜上，3/4 的中國公司是國有企業，超過一半的企業與金融、能源和原材料行業有關，這也部分解釋了為什麼中國頂級企業的利潤率不如美國企業。儘管私人企業在中國的主要公司中佔的比例較小，但它們一直是中國經濟奇跡的驅動力。私人企業為中國創造了 60% 的 GDP 增長，70% 的創新，提供了 80% 的城市就業，以及 90% 的就業增長。[1]

王輝耀：哪個國家吸引的外國投資最多？

艾利森：過去 20 年裏，中國已經成長為外國直接投資的首選目的地，堪與美國匹敵。2020 年，在新冠疫情蔓延的情況下，中國成為世界上最大的外國直接投資接受國。從 2000 年到 2020 年，流入中國的外國直接投資增長了 3 倍，從 2000 年的 410 億美元增長到 2020 年的 1630 億美元。相比之下，美國的外國直接投資流入量在過去 20 年裏有所波動，從 2000 年到 2020 年淨減少 1800 億美元。然而，在累計外國直接投資規模上，美國仍然大幅領先，截至 2019 年，美國的外國直接投資流入存量價值是中國的五倍。[2]

---

1 Graham Allison, Nathalie Kiersznowski and Charlotte Fitzek. “The Great Economic Rivalry: China vs the U.S” Paper, Belfer Center for Science and International Affairs, Harvard Kennedy School, March 23, 2022, p.26.

2 Graham Allison, Nathalie Kiersznowski and Charlotte Fitzek. “The Great Economic Rivalry: China vs the U.S” Paper, Belfer Center for Science and International Affairs, Harvard Kennedy School, March 23, 2022, p.27.

在《偉大的經濟競爭：中國與美國》報告中，艾利森教授指出了中國經濟面臨的幾個問題，包括政治不確定性、私人部門面對的挑戰、人口、債務、環境問題和地緣政治。

王輝耀：中國經濟的持續崛起是必然的嗎？什麼因素將導致中國偏離當前的增長軌道？

艾利森：大部分對中國經濟前景持懷疑態度的人強調，政府最近對私人部門的過度監管造成了新的風險⋯⋯過去一年對大型科技企業的行動使中國股票市值損失了超過 1.5 萬億美元，並刺激了借殼資本外逃。[1]

對中國經濟前景持悲觀態度的人還強調了國務院副總理劉鶴列出的"17 個不可克服的挑戰"中的 3 個結構性因素：人口、債務和嚴峻的環境問題。中國人口數量已達頂峰、正在走向老齡化，就像老生常談的那樣：中國將未富先老。按現在的趨勢，到 2035 年中國的勞動力人口將減少 2 億。在 2008 年金融危機後的 15 年裏，中國的債務總額（包括政府債務和私人債務）已經翻番，從佔 GDP 的 140% 增長到 280%。恆大的持續崩潰只是房地產泡沫的冰山一角。而且，中國只關注經濟增長而不太關注外部因素，給環境留下了深深

1 Graham Allison, Nathalie Kiersznowski and Charlotte Fitzek. "The Great Economic Rivalry: China vs the U.S" Paper, Belfer Center for Science and International Affairs, Harvard Kennedy School, March 23, 2022, p.39.

的傷害。[1]

中國經濟還面臨著其他潛在阻力 —— 來自美國和其他國家日益增長的敵意，這可能會影響他們依賴中國產品或投資中國未來增長的意願。據全球最大財富管理公司瑞銀的首席中國經濟學家稱，“未來幾年中國面臨的最大風險”來自“日益加劇的地緣政治緊張局勢，特別是美中關係的惡化”。貿易戰可能導致其他國家有選擇地與中國脫鈎，減少技術轉讓的機會，限制中國企業的投資選擇，並減緩資本流入中國。[2]

王耀輝：中國面臨這些挑戰，為何我們還認為它能保持穩健的增長勢頭？

中國過往的政策證明了它的能力

艾利森：雖然中國今天面臨著艱巨的挑戰，但它在十年前，以及之前的十年也同樣面臨著艱巨的挑戰。正如一些中國人所說，中國在“克服不可克服的困難”方面的成績是難以否認的。此外，中國政府處理這些挑戰的團隊對這些挑戰的分析比我們讀過的任何西方專家的分析都更詳細、更深刻。…… 中國政府的能力使得中國比其他大多

---

1 Graham Allison, Nathalie Kiersznowski and Charlotte Fitzek. “The Great Economic Rivalry: China vs the U.S” Paper, Belfer Center for Science and International Affairs, Harvard Kennedy School, March 23, 2022, p.40.

2 Graham Allison, Nathalie Kiersznowski and Charlotte Fitzek. “The Great Economic Rivalry: China vs the U.S” Paper, Belfer Center for Science and International Affairs, Harvard Kennedy School, March 23, 2022, p.40.

數政府有更大的空間來應對挑戰。[1]

中國在全球供應鏈中的角色

艾利森：對中國未來經濟前景持樂觀態度的人指出，中國成功地加強了其作為重要全球供應鏈中最關鍵環節的地位。儘管脫鈎的主張不絕於耳，但在新冠疫情防控期間，外國經濟對中國的依賴性增加而不是減少了。2021 年，中國與世界的貿易順差達到創紀錄的 6750 億美元，比 2019 年疫情前的水平增加了 60%。⋯⋯中國現在是世界上最大的幾十種必需品的製造商和出口商，包括 90% 的精煉稀土礦物、80% 的太陽能電池板、50% 的計算機和 45% 的電動汽車。儘管中國與其他主要國家的地緣政治關係不斷惡化，但他們認為，對經濟後果的恐懼將使大多數公司和國家不敢加入任何限制中國經濟的嚴肅努力。[2]

中國不斷增長的消費市場和外國投資者的積極評價

艾利森：儘管美中地緣政治關係不斷惡化，但在過去幾年裏，包括 2021 年，世界上最成功的科技、製造業和投資公司加倍押注於中國。中國的中產階級目前有 4 億人，預計到 2035 年還會增加 4 億

1 Graham Allison, Nathalie Kiersznowski and Charlotte Fitzek. "The Great Economic Rivalry: China vs the U.S" Paper, Belfer Center for Science and International Affairs, Harvard Kennedy School, March 23, 2022, p.41.

2 Graham Allison, Nathalie Kiersznowski and Charlotte Fitzek. "The Great Economic Rivalry: China vs the U.S" Paper, Belfer Center for Science and International Affairs, Harvard Kennedy School, March 23, 2022, p.42.

人。這將釋放出一波消費熱潮，使中國不僅成為大多數公司的首選生產地，也是他們最大的消費市場。2021 年，特斯拉生產的 100 萬輛電動車中，有近一半是由上海工廠生產的，並出售給中國買家。用埃隆・馬斯克（Elon Musk）的話說，"從長遠來看，中國將是我們最大的市場，既是我們最大的汽車產地，也是我們最大的客戶來源地。" 蘋果公司的首席執行官（CEO）也認同這一點，他直言不諱："我們在中國的投資不僅僅是為了下個季度或下下個季度，而是為了未來幾十年……中國將成為蘋果在全球最大的市場。" 世界上最大的連鎖咖啡店 —— 星巴克，現在每 12 小時在中國開一家新店。世界上最大的資產管理公司 —— 管理著 10 萬億美元資產的黑石集團，世界上最大的對沖基金 —— 橋水，以及包括高盛和摩根大通在內的主要國際銀行在過去兩年裏也都增加了他們在中國的投入。[1]

2. 金融競爭

當比較美國和中國的實力和全球影響力時，金融通常被認為是美國的優勢領域。美國仍然是全球金融體系中無可爭議的領導者。然而，正如艾利森教授最近的研究所強調的那樣，雖然美國在關鍵領域仍然遙遙領先，但中國在其他領域正在迎頭趕上。

---

1 Graham Allison, Nathalie Kiersznowski and Charlotte Fitzek. "The Great Economic Rivalry: China vs the U.S" Paper, Belfer Center for Science and International Affairs, Harvard Kennedy School, March 23, 2022, p.42-43.

王輝耀：美元作為世界儲備貨幣的地位穩固嗎？人民幣國際化進展如何？

艾利森：世界各地的中央銀行繼續將美元作為主要儲備貨幣。美元佔外匯儲備總額的 60%，低於 21 世紀初的 70%。雖然國際貨幣基金組織在 2016 年將中國的人民幣加入了特別提款權（Special Drawing Rights）的估值籃子，但其持有量幾乎沒有突破 2%。同樣，在外匯交易、全球支付和貿易方面，美元依然佔據中心地位⋯⋯我們必須記住的是，美元的主導地位並不是永久不變的。國際貨幣基金組織在 2018 年指出："國際貨幣體系正順利地從美元和歐元佔主導地位的兩極體系向三極體系（包括人民幣）過渡⋯⋯隨著使用人民幣交易的經濟規模（越來越大）⋯⋯儘管現階段人民幣交易在地理上仍受到限制"，主要是在金磚國家使用。⋯⋯另一方面，只要人民幣不能自由兌換，中國仍然關閉其資本賬戶，人民幣的持有量只會緩慢上升。[1]

王輝耀：中國在數字貨幣和金融科技方面的進步對美元的主導地位意味著什麼？

艾利森：中國在推進金融科技方面的成功為美元繼續佔主導地位的現實增添了另一重複雜性。當美國的政策制定者才開始討論引入數

1 Graham Allison, Nathalie Kiersznowski and Charlotte Fitzek. "The Great Economic Rivalry: China vs the U.S" Paper, Belfer Center for Science and International Affairs, Harvard Kennedy School, March 23, 2022, p.31.

字美元時，中國正在領導一場使其整個經濟數字化的國家行動。中國正在開發自己的數字人民幣，這將為中國公民帶來更快、更便宜、更安全的金融交易。國家與私人部門相配合，幾十家中國科技和金融公司正在設計新的應用程序，以支持政府的數字人民幣架構。中國在發展數字貨幣方面起步較早，這威脅到美國在國際金融領域的主導地位。數字人民幣可以為交易商提供一種簡單的方式來改變交易路綫，並繞過基於美元的系統。中國的技術也有望在國際上採用，並支配全世界的數字金融實踐規則。[1]

王輝耀：美國從美元主導地位中獲得了什麼優勢，可以用作對抗中國的籌碼嗎？

艾利森：雖然美國最近在制裁朝鮮、伊朗和俄羅斯時將美元“武器化”，但這一工具是否可以用來影響中國仍然有爭議。美中經濟相互依存度如此之高，已經形成了類似“互相保證毀滅”的機制，被稱為“互相保證經濟破壞”（MAED）。如果美國試圖將中國排除在以美國為中心的金融體系之外，而中國的回擊是停止向美國運送貨物，使沃爾瑪、家得寶（Home Depots）和塔吉特（Targets）的貨架空空如也，那麼雙方的經濟和社會都將受到嚴重破壞。至少到目前為止，

1 Graham Allison, Nathalie Kiersznowski and Charlotte Fitzek. “The Great Economic Rivalry: China vs the U.S” Paper, Belfer Center for Science and International Affairs, Harvard Kennedy School, March 23, 2022, p.32.

雙方都不願意玩這種看誰遭受的損失更大、時間更長的“膽小鬼博弈”的遊戲。

王輝耀：兩國在股市、銀行和風險投資等其他金融領域相比如何？

艾利森：雖然美國股市仍然佔世界股市市值的一半以上，但中國國內市場自 21 世紀初以來已經增長了 2500% 以上，從 2003 年略高於 5000 億美元的市值增長到 2021 年底的 14 萬億美元。儘管如此，中國股票市場市值仍然遠遠落後於美國股票市場市值的 53 萬億美元。

中國銀行業的崛起更加引人注目。2000 年，中國在全球十大銀行中還排不上號。今天，全球最大的四家銀行都是中國的（截至 2020 年 12 月，資產價值合計 17.3 萬億美元）。美國銀行在前十名中僅排第六位和第九位，資產總額為 6.2 萬億美元。然而，按市值計算，美國銀行仍保持領先，排名分別為第一、第二、第五和第七。

在“現代資本主義的第三大機構”——風險投資方面，中國企業吸引新投資者和資本的能力仍然遠遠落後於美國同行。2020 年，中國初創企業獲得的風險投資只有美國公司的一半。……2021 年，這一比例降低到 1/3。在釋放人類潛力和創新能力方面，美國仍然是無可匹敵的。[1]

---

1 Graham Allison, Nathalie Kiersznowski and Charlotte Fitzek. “The Great Economic Rivalry: China vs the U.S” Paper, Belfer Center for Science and International Affairs, Harvard Kennedy School, March 23, 2022, p.34.

王輝耀：中國的經濟崛起對亞洲和其他地區意味著什麼？

艾利森：目前亞洲的經濟實力平衡狀況對中國極為有利。作為世界第一大出口國和第二大進口國，中國是所有其他主要亞洲國家的最大貿易夥伴，包括美國的盟友。[1]

李光耀準確地分析指出，“中國正在用龐大的市場和不斷增長的購買力把東南亞國家吸納進它的經濟體系。日本和韓國也將不可避免地被吸納進去。中國只是吸引其他國家而不必使用武力……中國日益增長的經濟影響力將很難對抗。”這種巨大的吸引能力現在已經影響到世界上大多數主要經濟體。總而言之：現在是中國手握金科玉律，即“誰有錢，誰說了算”。[2]

這對全球地緣政治的影響是深遠的。在“二戰”結束後的十年裏，美國 GDP 約佔全球的一半。基於這一主導地位，美國帶頭創建了國際貨幣基金組織、世界銀行（World Bank）、布雷頓森林貨幣體系、關貿總協定貿易體系，以及其他構成全球經濟秩序的組織。在建立北約（NATO）、中央條約組織（CENTO）和東南亞條約組織（SEATO）時，美國可以不用考慮讓其他成員分擔負擔，而是自己承擔費用。但到 1991 年冷戰結束時，美國在全球 GDP 中的份額已經

1 Graham Allison. “Beyond Trade: The Confrontation Between the U.S. and China.” *The Security Times*, February 2020.

2 Graham Allison, Nathalie Kiersznowski and Charlotte Fitzek. “The Great Economic Rivalry: China vs the U.S” Paper, Belfer Center for Science and International Affairs, Harvard Kennedy School, March 23, 2022, p.16.

縮減到 1/5。今天，美國所佔的份額是 1/6……中國的崛起創造了一個新的世界經濟秩序。[1]

李光耀認為，在 21 世紀，經濟實力平衡與軍事實力平衡同樣重要。領導人治理的合法性越來越取決於他們改善公民經濟福祉的能力（因此，美國的盟友和朋友經常說：不要試圖讓我們在美國和中國之間選邊站隊，美國對我們的安全至關重要，而中國對我們的繁榮至關重要）。因此，中國選擇商業作為推進自己世界利益的首選工具並不令人驚訝。正如羅伯特·布萊克威爾（Robert Blackwill）和詹妮弗·哈里斯（Jennifer Harris）在《另一種戰爭》（*War by Other Means*）一書中做出的令人信服的論述：中國是"世界上領先的地緣經濟學實踐者"。[2]

3. 技術競爭

> 科技創新成為國際戰略博弈的主要戰場，圍繞科技制高點的競爭空前激烈。
>
> ——習近平主席，2021[3]

---

1 Graham Allison, Nathalie Kiersznowski and Charlotte Fitzek. "The Great Economic Rivalry: China vs the U.S" Paper, Belfer Center for Science and International Affairs, Harvard Kennedy School, March 23, 2022, p.5.

2 Graham Allison, Nathalie Kiersznowski and Charlotte Fitzek. "The Great Economic Rivalry: China vs the U.S" Paper, Belfer Center for Science and International Affairs, Harvard Kennedy School, March 23, 2022, p.6.

3 習近平：《加快建設科技強國　實現高水平科技自立自強》，《求是》，2022 年第 9 期。

科技是美中競爭和對抗的主戰場。

——威廉・伯恩斯（William Burns），美國中央情報局局長，2021[1]

作為"偉大的競爭"這項重要研究的一部分，2021 年 12 月，艾利森教授的團隊發佈了一份報告，追蹤了中國科技實力的崛起以及與美國在多個領域的相對實力比較，結論認為中國已經取得非凡的飛躍發展，現在已是一個"全方位的同等級競爭者"。[2] 正如艾利森教授所指出的那樣，人工智能和 5G（第五代移動通信技術）等領域的進步本身就很重要，並且還能促進經濟增長，因此創新可以為建設軍事實力提供資金和技術支持。

王輝耀：你如何比較如今美國和中國的整體科技實力？

艾利森：21 年前，美國甚至無法在後視鏡中看到中國，因為中國落後實在太多了——今天我們同樣無法在後視鏡中看到中國，因為中國已經和我們比肩甚至稍微超過了我們。我們考察了整體科技領域，深入研究了六項前沿科技如 5G、人工智能、量子技術、合成生

1 National Public Radio, "NPR's Full Conversation With CIA Director William Burns," *NPR News*, July 22, 2021, https://www.npr.org/2021/07/22/1017900583/transcript-nprs-full-conversation-with-cia-director-william-burns.

2 Graham Allison, Kevin Klyman, Karina Barbesino and Hugo Yen. "The Great Tech Rivalry: China vs the U.S" Paper, Belfer Center for Science and International Affairs, Harvard Kennedy School, December 7, 2021, p.3.

物學……研究顯示，基本上，中國在幾乎所有科技領域都取得了巨大的飛躍，成為一個需要認真對待的競爭對手。[1]

儘管在過去半個世紀中，美國一直在科技創新中處於領先地位，現在也仍在其他幾個科技領域保持著主導地位，但在 21 世紀，中國已經成為基礎科技領域的一個需要嚴肅對待的同等級競爭者，其科技應用有望在情報和軍事、經濟增長和治理等領域產生變革。[2]

中國的舉國體制正在挑戰美國在科技競爭的宏觀驅動力方面的傳統優勢，包括其科技人才培養方式、研發生態系統和國家政策。正如美國白宮國家安全委員會技術和國家安全高級主任塔倫・查布拉（Tarun Chhabra）和安全與新興技術中心所判斷的那樣，“美國不再是全球科技（S&T）霸主”。[3]

今天，中國的迅速崛起挑戰了美國在科技領域的主導地位，這引起了美國的關注。美國中央情報局局長威廉・伯恩斯指出，科技是“與中國競爭和對抗的主要戰場”。[4]

---

1 Graham Allison, “The Future of Great Power Relations: How can the US and China Co-Exist?” CCG Global Dialogue with Wang Huiyao, March 3, 2022.

2 Graham Allison, Kevin Klyman, Karina Barbesino and Hugo Yen. “The Great Tech Rivalry: China vs the U.S” Paper, Belfer Center for Science and International Affairs, Harvard Kennedy School, December 7, 2021, p.40.

3 Graham Allison, Kevin Klyman, Karina Barbesino and Hugo Yen. “The Great Tech Rivalry: China vs the U.S” Paper, Belfer Center for Science and International Affairs, Harvard Kennedy School, December 7, 2021, p.4.

4 Graham Allison, Kevin Klyman, Karina Barbesino and Hugo Yen. “The Great Tech Rivalry: China vs the U.S..” Paper, Belfer Center for Science and International Affairs, Harvard Kennedy School, December 7, 2021, p.2.

王輝耀：未來 10 年，科技競爭將如何塑造兩國關係和影響兩國經濟？

艾利森：取得先進科技領先地位是美中競爭的核心，並將成為一個不斷擴大的衝突前沿陣地。在包括人工智能在內的大多數科技競賽中，中國以無人能夠想象的速度成為一個需要嚴肅對待的同等級競爭者。按照目前的發展趨勢，在未來 10 年，中國有可能在幾個科技領域超過美國。科學驅動的技術將成為經濟增長的關鍵動力，並產生重大影響。因此，這注定會成為一個爭論更加激烈的領域。[1]

王輝耀：美中科技競爭一定是壞事嗎？

艾利森：現在，至少在經濟領域，競爭是件好事。奧運會和田徑比賽中的競爭是件好事。如果我和一個競爭對手一起跑，我就會比獨自跑時跑得更快。那麼，如何認識建設性競爭可以帶來雙贏，但同時也要認識到，在競爭中，最終贏得比賽的一方（例如在 5G 方面），在經濟和安全方面將具有優勢？這又回到了這個矛盾的問題。一方面，競爭可以是建設性的，積極的，有益的，同時，在地緣政治競爭中，我更希望由美國來制定互聯網規則，而我的中國同行可能更希望

1 "Graham Allison: Science-driven technologies will be key drivers of economic growth," interview by Credit Suisse China Investment Conference, October 21, 2020, https://www.credit-suisse.com/microsites/conferences/china-investment-conference/en/blog/graham-allison-science-driven-technologies-will-be-key-drivers-of-economic-growth.html.

由中國來制定。這就是競爭的另一面。我認為我們必須足夠聰明，在我們的頭腦和內心同時保持這兩種相互矛盾的動力，並且仍然正常工作。[1]

關鍵科技一：人工智能

人工智能在關於中美科技競爭的討論中佔有重要地位。雖然仍處於起步階段，但許多專家認為，人工智能技術將成為國家安全和經濟增長的關鍵驅動力。人工智能不是一項單一的技術，而是涵蓋了機器學習、大數據和其他各種相關技術的廣泛領域，使機器能夠"智能"地行動。人工智能是艾利森教授團隊考察的關鍵技術之一，以了解美國和中國之間的科技競爭將如何展開。

王輝耀：為何人工智能如此重要？它對軍事有什麼意義？

艾利森：中國的戰略專家認為，在中國努力超過美國成為世界首屈一指的軍事強國的過程中，人工智能可能起到決定性作用。美國前參謀長聯席會議主席約瑟夫·鄧福德（Joseph Dunford）將軍對此表示贊同："誰在人工智能方面擁有競爭優勢，並能部署人工智能信息系統，誰就很可能擁有整體競爭優勢。"通過改善視覺和目標定位、緩解人力問題、加強網絡防禦和加速決策，人工智能可以將原本的能

---

1 Graham Allison, "The Future of Great Power Relations: How can the US and China Co-Exist?" CCG Global Dialogue with Wang Huiyao, March 3, 2022.

力提升數倍。[1]

機器人 AlphaGo 和最近的機器人 AlphaStar，在世界上最複雜的即時戰略電子遊戲中擊敗所有競爭對手，它們的成功表明，在任何結構化的進攻和防守競賽中，人工智能將主宰人類。擁有最佳人工智能的公司、國家或團隊將會獲勝。美式足球就是一個例子。在評論員經常討論的"國際象棋比賽"局面中，進攻和防守協調員都知道，如果防守方猜中下一個戰術是傳球還是跑動，大多數美國國家橄欖球聯盟（NFL）球隊的防守可以成功阻止大多數對手的進攻。如果了解一種情況下的所有變量，人工智能應該能夠使場上的形勢有利於某一方，或者在類似的陸、海、空和太空的軍事競賽中發揮同樣的作用。[2]

王輝耀：美中當前的人工智能競賽形勢如何？

艾利森：在未來 10 年可能對經濟和安全產生最大影響的先進技術 —— 人工智能方面，谷歌前首席執行官埃里克·施密特（Eric Schmidt）明確指出：中國現在是一個"全方位的同等級競爭者"。近來，中國的人工智能發展突飛猛進，沒有密切關注的人很可能錯過這一點。事實上，在許多比賽中，中國已經超過美國，成為無可爭議的

---

1 Graham Allison and Jonah Glick-Unterman. "The Great Military Rivalry: China vs the U.S." Paper, Belfer Center for Science and International Affairs, Harvard Kennedy School, December 16, 2021, p.18.

2 Graham Allison and Eric Schmidt. "Is China Beating the U.S. to AI Supremacy?" Paper, August 2020.

世界第一。人工智能競賽的關鍵指標包括產品市場測試、金融市場測試、研究出版物、專利以及國際競賽結果。[1]

6 年前，在世界上 20 家最有價值的互聯網公司中，只有兩家是中國公司；如今已有 7 家。谷歌、亞馬遜、臉書、微軟、百度、阿里巴巴和騰訊 ——“人工智能時代的七大巨頭”—— 分立於太平洋兩岸。2018 年，在每 10 筆投向人工智能的風險資本中，就有 5 筆流向中國初創企業；4 筆流向美國公司。世界十大最有價值的人工智能初創企業中，7 家是美國企業，3 家是中國企業。[2]

中國對人工智能研發的投資已經超過了美國，結果已經開始顯現。中國正在為人工智能的代際優勢打下智力基礎。美國空軍前首席軟件官尼古拉・查蘭（Nicolas Chaillan）甚至聲稱，中國在人工智能競賽中的勝利“已經成為定局”。去年，中國發表的人工智能論文總體引用數量已經超過了美國，比 2019 年增加了 35%。[3]

王輝耀：美國在人工智能競賽中的優勢如何？

---

1 Graham Allison, Kevin Klyman, Karina Barbesino and Hugo Yen. “The Great Tech Rivalry: China vs the U.S..” Paper, Belfer Center for Science and International Affairs, Harvard Kennedy School, December 7, 2021, p.5.

2 Graham Allison, Kevin Klyman, Karina Barbesino and Hugo Yen. “The Great Tech Rivalry: China vs the U.S..” Paper, Belfer Center for Science and International Affairs, Harvard Kennedy School, December 7, 2021, p.6.

3 Graham Allison, Kevin Klyman, Karina Barbesino and Hugo Yen. “The Great Tech Rivalry: China vs the U.S..” Paper, Belfer Center for Science and International Affairs, Harvard Kennedy School, December 7, 2021, p.6.

艾利森：在尋求改進和發展最先進的科技的過程中，最聰明的0.0001% 的人發揮著作用。美國可以從地球上 77 億人中招募人才並使他們充分發揮潛力，從而獲得成功。事實上，美國公司現在已經招募了公認的前 100 名人工智能天才中的一半以上。與此形成鮮明對比的是，中國是一個相對封閉的社會 —— 基本上只限於 14 億講中文的人。2019 年只有 1000 名外國出生的人成為中國公民。因此，雖然美國不會在以數量起決定作用的競爭中獲勝，但在智力、創造力和創新這些最重要的領域，美國擁有決定性的優勢。

平台是很重要的。美國首先擁有巨大的可持續競爭優勢：英語是科學、商業和網絡的通用語言。中國人面臨的選擇是要麼說英語，要麼乾脆自說自話。不僅中國人，法國人和其他國家的人也經常抱怨這不公平 —— 也許吧。但這是一個事實。為了把新加坡從一個第三世界的城市變成世界上最成功和最繁榮的全球貿易中心之一，李光耀堅持把英語定為第一語言。（事實上，在中國領導人諮詢時，他一度建議中國將英語作為第一語言）。今天，地球上 75 億人（2017 年）中有一半以上會說英語 —— 還有 10 億人正在想辦法學習英語。

美國企業在建立人工智能的主要平台方面具有明顯的先發優勢，包括操作系統（安卓和蘋果）、先進半導體的設計（ARM）和殺手級應用 —— 包括照片牆（Instagram）、優兔和臉書（Facebook）。照片牆擁有 10 億月度活躍用戶，臉書的活躍用戶超過 24 億。雖然中國競爭對手肯定會試圖取代目前的平台和應用程序領導者，但如果美國企業足夠聰明，繼續增加用戶選擇，改善用戶體驗，並擴大使用其平台和應用程序的用戶數量，中國人和其他想與世界對話的人可能不得不繼續依賴美國主導的平台。[1]

王輝耀：美國在發展人工智能上面臨何種挑戰？

艾利森：美國的人工智能發展面臨著嚴重的阻力，包括重視隱私而非安全、不信任權威和懷疑政府的文化，對與美國國防部和情報機構合作持謹慎態度的 IT 企業，抑制招聘和移民的功能失調的公共政策，不利於收集大數據的法律，以及對當前那些美國重要大型企業進行進一步監管和反托拉斯行動的可能性 —— 也正是這些企業在推動美國在這一領域的進步。[2]

在關於爭奪人工智能優勢的報告中，艾利森教授強調了中國在發展人工智能方面的五個優勢：人口和豐富的數據，金融科技，龐大的 STEM[3] 畢業生人才庫，對於數據收集和人工智能應用的更高的文化接受度，以及政府的大力支持。

王輝耀：中國在人工智能競賽中具有哪些優勢？

---

1 Graham Allison and Eric Schmidt. "Is China Beating the U.S. to AI Supremacy?" Paper, August 2020.

2 Graham Allison and Eric Schmidt. "Is China Beating the U.S. to AI Supremacy?" Paper, August 2020.

3 指科學、技術、工程和數學專業。—— 譯者註

人口和豐富的數據

艾利森：由於人工智能應用的重要基礎是大量的優質數據，因此中國已成為 21 世紀的沙特阿拉伯，擁有最寶貴的商品。[1]

在長期競爭中，中國的優勢首先在於其 14 億人口創造了一個無與倫比的數據和人才庫，世界上最大的國內市場，以及企業和政府能在更加重視安全而非隱私的文化中搜集信息。中國大力發展教育，造就了一支成本較低的勞動力大軍，他們願意並能夠花費大量的時間來清理數據集。中國計算機專業的大學畢業生數量是美國的數倍，這些學生都渴望開發算法來解決社會問題。由於人工智能應用的重要基礎是大量的優質數據，因此中國已成為 21 世紀的沙特阿拉伯，擁有最寶貴的商品。中國創建、採集和複製的數據總量已經遠遠超過美國。此外，中國還有像阿里巴巴的馬雲和騰訊的馬化騰這樣雄心勃勃的企業家，推進其成為世界人工智能領導者的政府，以及一種普遍的"中國的時代已經到來"的心態。[2]

金融科技

艾利森：在金融科技領域，中國獨樹一幟。騰訊的微信支付有 9 億中國用戶，而蘋果支付在美國只有 2200 萬。在功能方面，微信支

---

1 Graham Allison, Kevin Klyman, Karina Barbesino and Hugo Yen. "The Great Tech Rivalry: China vs the U.S.." Paper, Belfer Center for Science and International Affairs, Harvard Kennedy School, December 7, 2021, p.8.

2 Graham Allison and Eric Schmidt. "Is China Beating the U.S. to AI Supremacy?." Paper, August 2020.

付比蘋果支付更多。中國消費者可以通過應用程序購買星巴克的咖啡和阿里巴巴的新產品、支付賬單、轉賬、貸款、投資、向慈善機構捐款和管理他們的銀行賬戶。這個過程中產生了一個關於個人消費行為的精細數據庫，這無疑是一個寶藏。人工智能系統利用這些數據對個人的信用度、對產品的興趣、支付能力和其他行為做出更好的評估。2018 年，中國人通過移動支付消費 19 萬億美元，中美人均消費比達到 50：1。美國的移動支付規模還不到 1 萬億美元。[1]

人才

艾利森：在人工智能領域，腦力比計算能力更重要。中國每年的 STEM 專業畢業生數量是美國的四倍（130 萬對 30 萬），計算機專業畢業生是美國的三倍（18.5 萬對 6.5 萬）。在《美國新聞與世界報道》的排名中，中國的清華大學在計算機科學方面位居世界第一。今天，美國每 10 個計算機科學博士畢業生中，有 3 個是美國人，2 個是中國人。30 年前，每 20 個出國留學的中國學生中只有 1 個回國。現在，每 5 個中就有 4 個回國。[2]

文化接受度

艾利森：在文化上，許多中國人擁護國家監管。即使是那些顯然

---

1 Graham Allison and Eric Schmidt. "Is China Beating the U.S. to AI Supremacy?" Paper, August 2020.

2 Graham Allison and Eric Schmidt. "Is China Beating the U.S. to AI Supremacy?" Paper, August 2020.

能夠改善公共健康和安全的應用，美國人對於分享數據也分裂成“非常願意”和“非常不願意”兩派。在中國，願意的人比不願意的人多4倍。正如我一位受過美國教育的中國同事所觀察到的那樣，中國人對美國人對每月一次的大規模槍擊事件接受良好感到困惑，就像美國人對中國人接受國家監管以使自己和他們的家人免受這種恐怖行為的影響感到同樣困惑。

中國的政府、法律和法規、公眾對隱私的態度，以及公司和政府之間的緊密合作，都為中國推進人工智能發展開了綠燈。在美國和歐洲，黃燈和紅燈比比皆是。[1]

政府支持力度

艾利森：人工智能是習近平主席“中華民族偉大復興”進程中的一個核心支柱。中國政府為發展人工智能制定了關鍵績效指標，為具體項目提供了大量資金，並盡一切可能創造有利的環境。細心的觀察者從這個過程中會想到亞馬遜和谷歌的領導層。所有能夠保護公司（在國內市場上）、支持優質企業（通過給予補貼和允許訪問政府數據）、並賦權企業領導人工智能研發的措施，中國政府都實施了。這是雄心勃勃的績效目標，激勵中國15個人口超過1000萬的城市和100個人口超過100萬的城市在公路系統中部署傳感器（以支持無人駕駛汽車），安裝攝像頭來監管公共和私人財產，以及運用一系列數

1 Graham Allison and Eric Schmidt. “Is China Beating the U.S. to AI Supremacy?” Paper, August 2020.

據搜集技術來創建"智慧城市"。[1]

王輝耀：哪個國家擁有人工智能人才優勢？

艾利森：在長期競爭中，中國的優勢首先在於其 14 億人口創造了一個無與倫比的數據和人才庫，擁有世界上最大的國內市場，此外，中國有比美國多幾倍的計算機專業大學畢業生。中國的 STEM 專業本科畢業生數量是美國的 4 倍，到 2025 年，中國的 STEM 博士畢業生數量將是美國的兩倍。與之相反的是，美國國內出生的人工智能博士數量自 1990 年以來就再沒有增加。[2]

即便如此，美國在人力資本方面仍然享有中國無法複製的兩項優勢。首先，世界上一半以上的人工智能天才在為美國公司工作。第二，美國可以從全世界 79 億人口（2021 年）中招募人才，而中國只能從自己的國民中招募。[3]

王輝耀：未來 10 年人工智能競賽將如何展開？

---

1 Graham Allison and Eric Schmidt. "Is China Beating the U.S. to AI Supremacy?." Paper, August 2020.

2 Graham Allison, Kevin Klyman, Karina Barbesino and Hugo Yen. "The Great Tech Rivalry: China vs the U.S.." Paper, Belfer Center for Science and International Affairs, Harvard Kennedy School, December 7, 2021, p.7.

3 Graham Allison, Kevin Klyman, Karina Barbesino and Hugo Yen. "The Great Tech Rivalry: China vs the U.S.." Paper, Belfer Center for Science and International Affairs, Harvard Kennedy School, December 7, 2021, p.8.

艾利森：就應用而言，中國佔據優勢。正如美國國家安全委員會對人工智能的評估，“如果目前的趨勢不改變，中國已有在未來 10 年超過美國成為世界人工智能領導者的實力、人才和野心。”然而，如果未來 10 年人工智能最重大的進展來自算法和硬件的突破性飛躍，那麼美國將佔據優勢。[1]

關鍵科技二：5G

5G 已經成為中美科技競爭的一個熱點，華為在全球許多市場上的 5G 網絡建設中的角色受到爭議，恰好反映了這一點。艾利森教授在《偉大的科技競爭：中國與美國》報告和一些文章〔如 2022 年 2 月發表在《華爾街日報》的專欄文章“中國在 5G 上超越了美國”（China's 5G Soars over America's）〕[2] 中，強調了 5G 作為一種賦能技術對許多行業的重要性。正如艾利森教授在文章中所指出的那樣，真正的 5G 將給自動駕駛汽車、虛擬現實應用（如元宇宙）以及其他尚未被發明的領域帶來同樣的突破。他還認為，5G 的許多潛在應用可以給一個國家在情報和軍事上增加優勢，使 5G 成為大國競爭的重要領域。

---

1 Graham Allison, Kevin Klyman, Karina Barbesino and Hugo Yen. "The Great Tech Rivalry: China vs the U.S.." Paper, Belfer Center for Science and International Affairs, Harvard Kennedy School, December 7, 2021, p.9.

2 Graham Allison and Eric Schmidt."China's 5G Soars Over America's." *The Wall Street Journal*, February 16, 2022.

王輝耀：在 5G 基礎設施建設方面，兩國進展如何？

艾利森：簡單來講，3G（第三代移動通信技術）是由歐洲主導的；美國後來推出了 4G（第四代移動通信技術），並創造了一個環境，在這個環境中，人們能夠發明我們現在稱為智能手機、社交媒體、谷歌地圖、優步，以及許多以前在 3G 世界中無人能夠想象的東西。

說到 5G（在美國有大量宣傳），你在看橄欖球季後賽或其他任何東西時都會被 5G 的廣告淹沒。但實際上，這不是真正的 5G 服務。在"美國的 5G 應有五個 F"（America's 5G Deserves Five Fs）一文中，我們與中國做了一個比較。如果你買了一個支持 5G 的蘋果智能手機，在美國大部分地區值得購買這部手機的唯一原因是，你要去北京看奧運會，在那裏你可以用 4G 的五倍速度下載東西。而在這裏（美國），5G 的速度與 4G 相同，有時甚至更慢。這不怪中國，中國做的是好事並且很成功。這要怪美國沒有發展得更快和沒有找到解決問題的辦法。這就是產生競爭的原因。

現在，至少在經濟領域，競爭是一件好事。奧運會和田徑比賽中的競爭也是一件好事。如果我和一個競爭對手一起跑，我就會比獨自跑時跑得更快。那麼，如何認識建設性競爭可以帶來雙贏，但同時也要認識到在競爭中，最終贏得比賽的一方（例如在 5G 方面）在經濟和安全方面將具有優勢？[1]

幾乎所有的早期關鍵指標都預示著中國將主導 5G 的未來。到 2020 年底，中國有 1.5 億 5G 用戶，而美國只有 600 萬；中國有 70 萬個 5G 基站，而美國只有 5 萬個；中國有 460 兆赫的授權中頻頻譜，而美國只有 70 兆赫；中國的 5G 平均速度達到 300Mbps，而美國的只有 60Mbps。在五大 5G 設備供應商中，兩家是中國的；沒有一家是美國的。在過去 20 年裏，中國的優秀企業華為已經從佔有電信基礎設施 0 的市場份額成長為世界領先的 5G 設備供應商，擁有 28% 的市場份額（而前美國優秀企業朗訊和摩托羅拉的市場份額從 2000 年的 25% 下跌到今天的 0）。[2]

為何美國在 5G 上落後了？在"中國在 5G 上超過了美國"一文中，艾利森教授指出了美國在 5G 上落後的兩個重要原因。

首先是頻譜分配。艾利森教授將華盛頓與美國移動行業的關係描述為"功能失調"，這從聯邦航空管理局頻頻拖延運營商在機場附近覆蓋 5G 服務就可以看出來。世界各地的幾十個機場附近都開通了 5G 服務，完全沒有任何問題。與之不同的是，北京已經優先擴大 5G 網絡覆蓋，並迅速頒發給 5G 服務商無綫頻譜中最高效的波段，

---

1 Graham Allison, "The Future of Great Power Relations: How can the US and China Co-Exist?" CCG Global Dialogue with Wang Huiyao, March 3, 2022.

2 Graham Allison, Kevin Klyman, Karina Barbesino and Hugo Yen. "The Great Tech Rivalry: China vs the U.S.." Paper, Belfer Center for Science and International Affairs, Harvard Kennedy School, December 7, 2021, p.11.

即中頻段。艾利森教授指出，中國給予 5G 服務商的中頻段至少是美國的三倍。美國電話電報公司（AT&T）和威瑞森通信公司（Verizon）的 4G 和 5G 網絡都使用相同的頻段。因此，用一位行業觀察家的話說，他們的 5G 網絡“只是在 4G 上撒了點糖霜”。

在該文中，艾利森教授指出，中國在 5G 基礎設施方面的投資要多得多。中國已經投資 500 億美元建設 5G 網絡，預計在未來五年內還將對 5G 投資 1000 億美元。相比之下，《創新與競爭法》（Innovation and Competition Act），這個被參議院多數黨領袖查克·舒默（Chuck Schumer）描述為“維護美國在 21 世紀作為全球當前和未來科技領導者地位的關鍵”的法案，截至 2026 年只給 5G 移動網絡撥款 15 億美元。[1]

儘管中國在 5G 建設和應用方面處於領先地位，但艾利森教授指出，美國在 5G 的其他方面確實保持著優勢，如研發、標準制定和應用。

王輝耀：美國在 5G 方面是否有任何優勢？

艾利森：美國的 4G 專利支撐著 5G 的基本架構，美國企業目前在行業標準機構 3GPP 的多個委員會中擔任主席……在 5G 應用方面，美國的優勢包括其科技巨頭在全球科技生態系統中的核心地位，

1 Graham Allison and Eric Schmidt.“China’s 5G Soars Over America’s.” *The Wall Street Journal*, February 16, 2022.

在 5G 芯片設計中的領導地位，以及在雲基礎設施等關鍵相關技術中的主導地位。但殘酷的事實是，如果沒有強大的國家 5G 基礎設施和生活在 5G 環境中的用戶，美國在開發 5G 的下一個殺手級應用方面將處於不利地位。[1]

關鍵科技三：半導體

正如《偉大的科技競爭》報告中所描述的那樣，半導體已經成為“我們經濟生活和人類生活各個方面最重要的組成部分”。[2] 新冠疫情期間的芯片短缺向我們展示了這些微小但關鍵的部件對許多行業和技術的重要性，這些行業包括人工智能、計算機和汽車等等。鑒於它們作為科技和創新的通用元素的重要性，芯片已經成為美中科技競爭的一個重要方面。

王輝耀：領先的芯片公司 Intel、英偉達和高通等都是美國企業。這難道不是說明美國在半導體領域牢牢佔據領先地位嗎？

艾利森：美國在半導體行業的主導地位已經保持了近半個世紀，但這一地位已被國內投資不足和海外競爭加劇逐漸削弱。儘管美國在

1 Graham Allison, Kevin Klyman, Karina Barbesino and Hugo Yen. “The Great Tech Rivalry: China vs the U.S..” Paper, Belfer Center for Science and International Affairs, Harvard Kennedy School, December 7, 2021, p.12.

2 Graham Allison, Kevin Klyman, Karina Barbesino and Hugo Yen. “The Great Tech Rivalry: China vs the U.S..” Paper, Belfer Center for Science and International Affairs, Harvard Kennedy School, December 7, 2021, p.23.

芯片設計和半導體製造投入方面仍然領先，但它在半導體製造方面的份額已從 1990 年的 37% 下降到今天的 12%。[1]

王輝耀：中國在半導體行業有哪些進展？中國能趕上美國嗎？

艾利森：中國有潛力成為半導體行業的領導者，我們不能低估中國的潛力，也不應否認這一現實，而且，按照目前的發展軌跡，中國更有可能在 2030 年之前實現"成為半導體行業頂級參與者"的目標。[2]

半導體製造

艾利森：中國的半導體產量已經超過了美國，佔全球產量的比例已從 1990 年的不到 1% 上升到 15%，而美國的份額則從 1990 年的 37% 下降到 12%。[3]

1990–2020 年，中國建造了 32 個大型半導體工廠，而世界上其

---

1 Graham Allison, Kevin Klyman, Karina Barbesino and Hugo Yen. "The Great Tech Rivalry: China vs the U.S.." Paper, Belfer Center for Science and International Affairs, Harvard Kennedy School, December 7, 2021, p.21.

2 Graham Allison, Kevin Klyman, Karina Barbesino and Hugo Yen. "The Great Tech Rivalry: China vs the U.S.." Paper, Belfer Center for Science and International Affairs, Harvard Kennedy School, December 7, 2021, p.25.

3 Graham Allison and Eric Schmidt. "China Will Soon Lead the U.S. in Tech." *The Wall Street Journal*, December 7, 2021.

他國家只建造了 24 個工廠。美國則一個也沒有。[1]

中國的優秀半導體製造企業 —— 中芯國際集成電路製造有限公司（SMIC），在過去十年中一直名列代工廠前五名，2020 年其突破性的 7nm FinFET N+1 工藝意味著其先進製造能力現在可以與英特爾相媲美。[2]

芯片設計

艾利森：在芯片設計領域，華為的子公司海思已經成長為一個集成電路設計高手。儘管出口管制損害了該企業的近期前景，但在 2020 年，海思成為第一家闖入全球十大半導體公司排名的中國企業，並取代長期市場領導者高通公司，成為中國最大的智能手機處理器供應商。雖然中國仍然依賴進口半導體來滿足 85% 的國內需求，但最近的這些成就駁斥了幾十年來認為中國半導體行業無法趕上全球水平的傳統觀點。[3]

王輝耀：美國阻止中國獲得半導體的政策有何影響？

---

1 Graham Allison and Eric Schmidt. "Semiconductor Dependency Imperils American Security." *The Wall Street Journal*, June 20, 2022.

2 Graham Allison, Kevin Klyman, Karina Barbesino and Hugo Yen. "The Great Tech Rivalry: China vs the U.S.." Paper, Belfer Center for Science and International Affairs, Harvard Kennedy School, December 7, 2021, p.22.

3 Graham Allison, Kevin Klyman, Karina Barbesino and Hugo Yen. "The Great Tech Rivalry: China vs the U.S.." Paper, Belfer Center for Science and International Affairs, Harvard Kennedy School, December 7, 2021, p.22.

艾利森：雖然最近美國對華為的制裁和將中芯國際列入實體名單（Entity List）等行動減緩了中國的發展，但完全切斷中國獲得先進半導體的渠道也將傷害到自己，因為中國市場貢獻了美國芯片銷售額的36%。[1]

王輝耀：中國能趕上甚至在半導體行業取得領先地位嗎？

艾利森：美國半導體工業協會預測，在未來 10 年，中國將開發全球 40% 的新產能，並成為世界上最大的半導體製造商，擁有 24% 的市場份額。[2]

在未來 10 年，中國將在成熟技術節點上成為世界上最大的半導體生產國，而阿斯麥公司（ASML）首席執行官溫彼得（Peter Wennink）估計："15 年後，他們（中國）將擁有半導體產業鏈所有環節需要的能力（並擁有半導體的技術主權）。"[3]

王輝耀：2022 年《芯片法案》將給予美國芯片製造商超過 500

1 Graham Allison, Kevin Klyman, Karina Barbesino and Hugo Yen. "The Great Tech Rivalry: China vs the U.S.." Paper, Belfer Center for Science and International Affairs, Harvard Kennedy School, December 7, 2021, p.24.

2 Graham Allison, Kevin Klyman, Karina Barbesino and Hugo Yen. "The Great Tech Rivalry: China vs the U.S.." Paper, Belfer Center for Science and International Affairs, Harvard Kennedy School, December 7, 2021, p.22.

3 Graham Allison, Kevin Klyman, Karina Barbesino and Hugo Yen. "The Great Tech Rivalry: China vs the U.S.." Paper, Belfer Center for Science and International Affairs, Harvard Kennedy School, December 7, 2021, p.21.

億美元補貼，這將造成怎樣的影響？

艾利森：即使該法案實施了，美國的投資仍將只有中國政府投資的 1/3。從 1990 年到 2020 年，中國建造了 32 個大型半導體工廠，而世界上其他國家只有 24 個工廠，美國則一個也沒有。……即使有理想的政策，美國公司也不可能超越（中國台灣芯片製造商）台灣積體電路製造股份有限公司（台積電，TSMC）在先進芯片製造方面的領先地位。[1]

關鍵科技四：綠色能源

迫在眉睫的氣候危機和俄烏衝突再次強化了能源在全球經濟和地緣政治中的核心地位。在 21 世紀，綠色能源轉型可能會像 20 世紀的石油一樣具有重大意義，對許多部門和地域產生廣泛的影響。

鑒於綠色能源的重要性和其帶來的巨大經濟機會，這一領域正在成為全球競爭的一個重要領域，包括中美之間。然而，鑒於減少碳排放和綠色能源轉型的挑戰非常嚴峻、任何一個國家都無法獨自完成，若想避免氣候災難，大國必須在此領域合作。

王輝耀：美中兩國在綠色能源領域的相對優勢是什麼？

艾利森：在利用綠色能源的競賽中，美國在過去 20 年裏一直是

1 Graham Allison and Eric Schmidt. "Semiconductor Dependency Imperils American Security." *The Wall Street Journal*, June 20, 2022.

新技術的主要發明者，但中國在製造和部署應用這些技術方面居於領先地位，這讓中國能夠主導綠色能源供應鏈的多個環節。事實上，正如能源地緣政治學專家丹尼爾·耶金（Daniel Yergin）所說，“在綠色能源方面，中國已經實現了‘中國製造 2025’的目標，在 21 世紀的新產業中取得主導地位。”[1]

王輝耀：中國在綠色科技供應鏈的哪個環節擁有優勢？

裝備製造

艾利森：中國現在是可再生能源設備的主要製造商。2000 年，中國生產的太陽能電池板不到全球 1%，現在則供應了全球 70% 的太陽能電池板。相比之下，美國的份額發生了驚人的逆轉，從 2000 年的 30% 下降到今天的不到 1%。世界十大風力渦輪機生產商中有 4 家是中國企業，佔全球市場的 40%，而美國只有 12%。中國在製造業上的優勢使其成為全球最大的太陽能和風能生產國，其太陽能產能是美國的 3 倍多，風能產能是美國的 2 倍。[2]

---

1 Graham Allison, Kevin Klyman, Karina Barbesino and Hugo Yen. “The Great Tech Rivalry: China vs the U.S..” Paper, Belfer Center for Science and International Affairs, Harvard Kennedy School, December 7, 2021, p.30.

2 Graham Allison, Kevin Klyman, Karina Barbesino and Hugo Yen. “The Great Tech Rivalry: China vs the U.S..” Paper, Belfer Center for Science and International Affairs, Harvard Kennedy School, December 7, 2021, p.31.

原材料

艾利森：中國幾乎壟斷了太陽能電池板、電池和其他綠色科技所需的一些關鍵原材料生產，包括化學鋰（佔全球產量的 50%）、多晶硅（60%）、稀土金屬（70%）、天然石墨（70%）、精煉鈷（80%）和精煉稀土（90%）。對於國內缺乏的資源，中國已在海外獲得保障。中國企業在剛果民主共和國擁有 14 個最大的鈷礦中的 8 個（佔全球產量的 30%），並擁有世界最大鋰儲備 51% 的股份（加上其他資產，中國已是最大硬岩鋰生產商，佔全球產量的 50% 以上）。而美國 40% 的鋰，80% 的鈷和 100% 的石墨都依賴進口。美國可能需要 20～30 年的時間才能在原材料採購方面趕上中國。[1]

儲能

艾利森：在儲能方面，彭博社發佈的《新能源展望》（New Energy Outlook）估計，中國控制了 80% 的電池原材料提煉，77% 的電池產能，以及 60% 的電池部件製造。它的評估指出，"中國製造商，如寧德時代（CATL），在不到 10 年的時間裏從無到有，成為世界領先的製造商"，而"2020 年美國在第六位徘徊"。[2]

---

1 Graham Allison, Kevin Klyman, Karina Barbesino and Hugo Yen. "The Great Tech Rivalry: China vs the U.S.." Paper, Belfer Center for Science and International Affairs, Harvard Kennedy School, December 7, 2021, p.32.

2 Graham Allison, Kevin Klyman, Karina Barbesino and Hugo Yen. "The Great Tech Rivalry: China vs the U.S.." Paper, Belfer Center for Science and International Affairs, Harvard Kennedy School, December 7, 2021, p.32.

新能源車（EV）

艾利森：中國已經成為新能源車的最大生產國和市場，2020 年新能源車銷售量達 130 萬輛（佔全球銷量的 40% 以上），而美國只有 30 萬輛。這種快速增長使中國的新能源車市場規模從 2013 年美國的 20% 增加到今天的 200%。到 2028 年，中國與美國的新能源車產量將達到 6:1。中國有超過 100 萬台新能源車充電基礎設施，2019 年，每天安裝的充電基礎設施達到 1000 台，而美國總共只安裝了 10 萬台。中國企業比亞迪佔有新能源公交車市場 90% 的份額，為洛杉磯和紐約等城市提供公交車。拜登總統認識到中國有可能主導新能源車的未來，他宣佈："在這之前，我們應該成為世界上最重要的新能源公交車和汽車的唯一供應商。現在，我們正遠遠落後於中國。"[1]

王輝耀：美國在綠色科技領域擁有哪些優勢？

艾利森：美國的優勢在於突破性創新。雖然中國在工藝製造方面的優勢使其在測試和應用綠色技術方面處於領先地位，但正如美國前能源部部長歐內斯特・莫尼茲（Ernest Moniz）所說，"美國在過去幾十年中表現出了無與倫比的培育能源創新的能力"。在碳捕集與封存（CCS）技術方面，美國擁有世界上一半以上的大規模碳捕集

1 Graham Allison, Kevin Klyman, Karina Barbesino and Hugo Yen. "The Great Tech Rivalry: China vs the U.S.." Paper, Belfer Center for Science and International Affairs, Harvard Kennedy School, December 7, 2021, p.33.

與封存設施，相關出版物也最多。2020 年 12 月，美國的一家初創企業 QuantumScape 展示了更安全、循環壽命更長的鋰電池，它能將電動汽車的續航能力提高 80% 以上，這一成就被《麻省理工科技評論》（*MIT Technology Review*）評為 2021 年“十大突破性技術”之一，與 mRNA 疫苗和 GPT-3[1] 並列。雖然中國現在是其最大的市場，但不可否認的是，特斯拉是美國創新生態系統的產物，也是美國能源部先進研究計劃署（Advanced Research Projects Agency - Energy）的最大成就之一。[2]

創新要素：取得美中科技競爭勝利的因素

就長期科技實力和國家在創新方面的成功而言，也許比在任何一個部門或科技領域領先更重要的是，擁有有利於創新的因素和環境，使個人、機構和企業能夠在任何已有的領域，和未來可能出現的新領域進行創新。這些“創新要素”中最重要的是人才，支持性研發生態系統，以及有效的科學和技術支持政策。

王輝耀：兩國在人才培養方面情況如何？

艾利森：在針對 K-12[3] 學生的國際科學和技術排名中，中國在

1 OpenAI 推出的自然語言模型。—— 譯者註

2 Graham Allison, Kevin Klyman, Karina Barbesino and Hugo Yen. “The Great Tech Rivalry: China vs the U.S..” Paper, Belfer Center for Science and International Affairs, Harvard Kennedy School, December 7, 2021, p.33-34.

3 從幼兒園到高中的教育階段。—— 譯者註

數學和科學方面一直排在美國前面 —— 2018 年，中國的 PISA（國際學生評價項目，評估數學、科學和閱讀）測驗成績排名第一，而美國排名第 25。[1]

在科學和工程專業大學本科學位教育上，2000 年美國有超過 50 萬名學位獲得者，居於全球領先地位，而中國僅有不到 36 萬名。今天，中國的 STEM 畢業生數量是美國的 4 倍（130 萬對 30 萬），計算機專業畢業生數量是美國的三倍（18.5 萬對 6.5 萬）。

中國在教育方面有很大優勢，每年培養的 STEM 專業本科生數量是美國的四倍，研究生和博士生數量是美國的兩倍左右。[2]

王輝耀：中國擁有 14 億的龐大人口，難道不是在人才上佔了上風？

艾利森：中國的人口是美國的 4 倍，擁有更大的本土人才庫。但是，在一個英語已經成為國際語言的世界裏，作為一個以移民為榮的國家，美國的巨大優勢在於能夠吸引世界上最有才華的科技人才。[3]

中國正在努力吸引世界各地的高端科技人才。但入籍成為中國公

---

1 Graham Allison, Kevin Klyman, Karina Barbesino and Hugo Yen. "The Great Tech Rivalry: China vs the U.S.." Paper, Belfer Center for Science and International Affairs, Harvard Kennedy School, December 7, 2021, p.35

2 Graham Allison and Eric Schmidt. "The U.S. Needs a Million Talents Program to Retain Technology Leadership." *Foreign Policy*, July 16, 2022.

3 Graham Allison and Eric Schmidt. "The U.S. Needs a Million Talents Program to Retain Technology Leadership." *Foreign Policy*, July 16, 2022.

民的總數仍不到 2000 人。相比之下，過去 20 年中，近 1500 萬人入籍成為美國公民……移民助力美國在科技領域保有領先地位，從美國科技巨頭（包括谷歌和 Intel）的聯合創始人，到研發新冠疫苗的輝瑞公司和莫德納公司的創始人及首席執行官。在過去 20 年美國出現的所有價值 10 億美元的初創企業中，有多少是由出生在國外的個人或他們的子女創立或共同創立的？超過了一半。在吸引世界上最有才華的發明家和企業家並給予他們實現夢想的自由和機會方面，美國仍然是無與倫比的。[1]

王輝耀：美國能否保持其吸引全球人才的能力？

艾利森：儘管美國一直以來受益於其從全球 79 億人口（2021 年的數據）中吸引人才的能力（美國《財富》500 強企業中幾乎一半是由移民或其子女創立的），但正如美國國家人工智能安全委員會所承認的那樣，"引入國際學生的競爭已經加速……在我們有生之年第一次，美國有可能在爭取科學前沿人才中失利。"[2]

王輝耀：美國和中國的研發支出相較如何？

1 Graham Allison, Nathalie Kiersznowski and Charlotte Fitzek. "The Great Economic Rivalry: China vs the U.S.." Paper, Belfer Center for Science and International Affairs, Harvard Kennedy School, March 23, 2022, p.35.

2 Graham Allison, Kevin Klyman, Karina Barbesino and Hugo Yen. "The Great Tech Rivalry: China vs the U.S.." Paper, Belfer Center for Science and International Affairs, Harvard Kennedy School, December 7, 2021, p.36.

艾利森：在 21 世紀初，美國的研發支出位居第一，按 2019 年購買力平價計算，為 2700 億美元；其次是歐盟，為 1800 億美元。同年，中國的研發支出只有美國的 12%，為 330 億美元。但到 2020 年，中國上升到第二位，研發支出是美國的 90%。按照目前的發展趨勢，中國將在未來十年內超過美國。[1]

儘管美國在促進科學發展的長期驅動力方面保持著強大的優勢（美國基礎研究支出佔全球的 60%，而中國僅佔 20%），但中國卻非常注重將科研成果轉化為商業產品，現在每年在成果轉化方面的支出比美國多近 700 億美元。[2]

王輝耀：哪個國家擁有更多專利、科技論文和創新企業？

艾利森：在國際專利申請中，中國在 2019 年取代美國成為《專利合作條約》（PCT）第一大用戶，當年中國申請了 22% 的 PCT 專利，而 2000 年時只有 0.6%。同一時期，美國的比例從 42% 下降到 22%。2016 年，中國超過美國成為產出科技論文最多的國家，現在

1 Graham Allison, Kevin Klyman, Karina Barbesino and Hugo Yen. "The Great Tech Rivalry: China vs the U.S.." Paper, Belfer Center for Science and International Affairs, Harvard Kennedy School, December 7, 2021, p.36.

2 Graham Allison, Kevin Klyman, Karina Barbesino and Hugo Yen. "The Great Tech Rivalry: China vs the U.S.." Paper, Belfer Center for Science and International Affairs, Harvard Kennedy School, December 7, 2021, p.36.

產出的科技論文佔全球的 20% 以上。[1]

雖然有 6 家美國公司在全球十大最有價值的科技公司榜單中名列前茅，但有 6 家中國企業在開拓新技術的十大最有價值的獨角獸公司名單中位居前列。[2]

4. 軍事競爭

美中在經濟和科技方面的競爭既包含合作和互利，也包括競爭，但在軍事領域，競爭基本上是零和博弈。

當然，沒有人願意想象美國和中國之間發生戰爭或任何形式的軍事衝突。事實上，防止出現這種對抗是艾利森教授進行美中關係研究和寫作的動機，也是本書的核心目的。然而，正如需要了解美國和中國在經濟、金融和科技領域不斷發展的競爭一樣，了解雙方在軍事力量方面的競爭也很重要，這樣才能管理這種競爭，並希望能確保下文中描述和分析的能力永遠不會因憤怒而被使用。

正如艾利森教授所指出的那樣，關於美國和中國之間的軍事平衡，最突出的一點是兩國都配備了強大的二次核打擊力量，這意味著一方對另一方的任何攻擊都可能導致雙方毀滅。

---

1 Graham Allison, Kevin Klyman, Karina Barbesino and Hugo Yen. “The Great Tech Rivalry: China vs the U.S..” Paper, Belfer Center for Science and International Affairs, Harvard Kennedy School, December 7, 2021, p.37.

2 Graham Allison, Kevin Klyman, Karina Barbesino and Hugo Yen. “The Great Tech Rivalry: China vs the U.S..” Paper, Belfer Center for Science and International Affairs, Harvard Kennedy School, December 7, 2021, p.36.

即便如此，在這個核毀滅的門檻之下，兩國的經濟發展趨勢將影響國防預算以及新武器和其他系統的開發和部署，從而影響兩國的軍事力量平衡。

艾利森教授的團隊進行了深入研究，繪製了美國和中國在各個不同領域的軍事力量發展，2021 年 12 月，艾利森教授將研究成果和主要結論以報告形式呈現 ——《偉大的軍事競爭：中國與美國》（*The Great Military Rivalry: China vs the US*）。這份報告中有兩個結論非常突出。第一，美國在軍事上不再保有優勢。第二，雖然美國仍是獨一無二的軍事超級大國，因為它擁有無與倫比的力量投射能力和聯盟體系，但中國和俄羅斯現在是“需要嚴肅對待的軍事對手”，可以在某些領域與美國匹敵。本章的其餘部分將引用該報告和艾利森教授關於軍事的其他文章，對這些發現進行深入探討。

王輝耀：美國的國防支出難道不是比中國的多得多嗎？

艾利森：美國國防預算用於承擔其全球軍事基地和部隊的花費，以履行其對歐洲、中東、南美和亞洲的承諾。美國目前在全球有 750 個海外軍事基地。因此，儘管美國印太司令部的“責任區”包括世界一半的人口和當地三個最大經濟體中的兩個，但其指揮官必須與負責履行美國對其他地區的承諾的指揮官競爭資金。相比之下，中國的國防預算則集中在東北亞。[1]

用傳統標準市場匯率來衡量，1996 年，中國報告的國防預算是美國的 1/30。2020 年，中國是美國的 1/4。如果把出現在其他預算中的支出（例如軍事研究和發展）納入其中，中國的實際國防預算是美國的 1/3。如果用衡量經濟和軍事潛力的最佳標準（購買力平價）來衡量，中國的國防預算是其聲明的兩倍多……這使中國的整體國防支出超過了美國的一半，並且即將趕上美國。

2020 年，美國的國防預算為 7380 億美元，而中國報告的預算按當時的市場匯率計算為 1780 億美元。但是，如果將中國官方報告中排除的但計入美國國防預算中的項目，包括研發（美國在這方面的支出超過 1000 億美元）、退伍軍人的退休金和建築費等計算在內，那麼如斯德哥爾摩國際和平研究所（SIPRI）所發現的那樣，自 1996 年以來，兩國國防支出差距從 19：1 縮小到了 3：1。[2]

王輝耀：如果以購買力平價來衡量，兩國國防支出對比將發生什麼變化？

艾利森：在比較國防預算時，不僅要考慮每個國家支出了多少

1 Graham Allison and Jonah Glick-Unterman. "The Great Military Rivalry: China vs the U.S.." Paper, Belfer Center for Science and International Affairs, Harvard Kennedy School, December 16, 2021, p.26.

2 Graham Allison and Jonah Glick-Unterman. "The Great Military Rivalry: China vs the U.S.." Paper, Belfer Center for Science and International Affairs, Harvard Kennedy School, December 16, 2021, p.23.

錢，還要考慮每個國家在這個價格上收穫了多少回報。美國中央情報局和國際貨幣基金組織都認為，比較國家支出的最佳單一指標是購買力平價。

解放軍購買基地、艦艇或東風 -21 導彈是以人民幣支付的，價格大大低於美國同等產品的成本。

在比較國防支出方面，最棘手的問題是人員費用……解放軍現役士兵的平均費用是美國的 1/4。美國國防部目前平均每年花在每個現役軍人身上的費用超過 10 萬美元，包括工資、福利和退休計劃撥款。相比之下，解放軍 203.5 萬名現役人員中每個人的預算平均為 2.8 萬美元。

總之，按購買力平價計算，在 2020 年，中國的國防支出將近美國的 53%，而且在可預見的未來，中國的國防支出將達到美國同等水平。[1]

王輝耀：人工智能和量子計算等前沿技術如何在軍事實力平衡中發揮作用？

艾利森：人工智能通過改善視覺和目標定位、緩解人力問題、加強網絡防禦和加速決策，發揮力量倍增器的作用。它的優勢在美國國

1 Graham Allison and Jonah Glick-Unterman. "The Great Military Rivalry: China vs the U.S.." Paper, Belfer Center for Science and International Affairs, Harvard Kennedy School, December 16, 2021, p.23-25.

防部先進研究計劃署 2020 年 8 月的 AlphaDogfight 試驗中表現得很明顯，當時人工智能算法以 5：0 橫掃人類 F-16 飛行員。⋯⋯中國在量子技術的某些領域處於領先地位，這是一種能夠改變遊戲規則的優勢，可以保證通信安全，發現隱形飛機，使潛艇導航更加複雜，並破壞戰場通信。[1]

王輝耀：中國在太空探索和太空科技方面的進步對軍事能力有什麼意義？

艾利森：中國正在運轉的情報、監視和偵察以及遙感衛星有 120 多顆，僅次於美國。中國同時還在提升其北斗精度、導航和計時系統，以替代全球定位系統（GPS）。2019 年，北斗衛星群的規模和視程超過了全球定位系統。2021 年 4 月，中國發射了其第一個空間站的核心艙，在 20 年內達成了美國用 40 年時間取得的成果。美中經濟與安全審查委員會認為，"中國的專注和在國家層面承諾將自己建設成全球太空領導者⋯⋯有可能削弱美國長期以來努力建立的許多優勢。"[2]

---

1 Graham Allison and Jonah Glick-Unterman. "The Great Military Rivalry: China vs the U.S.." Paper, Belfer Center for Science and International Affairs, Harvard Kennedy School, December 16, 2021, p.18.

2 Graham Allison and Jonah Glick-Unterman. "The Great Military Rivalry: China vs the U.S.." Paper, Belfer Center for Science and International Affairs, Harvard Kennedy School, December 16, 2021, p.20.

5. 外交競爭

2022 年 8 月，艾利森教授和他的團隊發佈了《偉大的外交競爭：中國與美國》報告，這是“偉大的競爭”系列報告的 5 個主題報告之一。在這份報告中，作者對美國和中國的治國方略和外交進行了評估，認為其是兩國競爭的重要組成部分，且在未來幾年內競爭將繼續加劇。報告比較了兩國在外交各方面的表現（在 2022 年俄羅斯入侵烏克蘭以及隨後廣泛的制裁和外交活動之前）。與本系列報告的其他主題報告一樣，它也提出了評估雙方實力的標準和指標，並對外交中相對的“競賽狀態”進行判斷。

在總結中國和美國之間的外交競爭情況時，艾利森教授稱現在是“游戲開始了”，因為中國已經更加堅定，“要在雙邊和多邊外交中像在其他領域一樣積極地競爭”。艾利森描述了外交如何在華盛頓成為一門“失落的藝術”，他引用了美國中央情報局局長威廉・伯恩斯在回顧過去 30 年歷史時的發言。然而，雖然伯恩斯承認美國已經丟失了外交這門藝術，但他認為“中國還沒有掌握這門藝術”。下文簡要介紹了報告中艾利森用來比較美國和中國的外交實力與表現的一些關鍵指標和評估。

王輝耀：你如何定義外交？

艾利森：根據我們發現的最有用的定義，外交是“通過對話、談判和其他非戰爭或暴力的措施來影響外國政府和人民的決定和行為的常用方法”。因此，它是一門複雜的藝術，結合了關係、宣傳、誘導、威脅、脅迫和語言要素，在不使用武力的情況下推進一個國家的議程。[1]

王輝耀：外交的關鍵要素是什麼？

艾利森：從概念上講，外交包括三個複雜的層面，可以稱為治國方略、制度體系和日常工作（statecraft, architecture, and gardening）。治國方略包括一個國家對其在世界上的角色的基本定位，以及它為獲取生存和幸福要應對的重大挑戰而選擇的道路。……如果一個國家制定了無法實現的目標，即使擁有最好的制度體系和日常工作做到最優秀也注定要失敗。那麼在國家大戰略的基礎上，第二個層面——制度體系，包括設計和建設制度、規範、機構和程序，以實現國家目標。……外交的第三個層面是美國政治家喬治·舒爾茨（George Shultz）稱之為“園藝”的日常工作：除草和播種，澆灌和培養關係，以影響目標國家的選擇和行動。[2]

王輝耀：當前美國和中國外交網絡的高下如何？

---

1 Graham Allison, Alyssa Resar and Karina Barbesino. “The Great Diplomatic Rivalry: China vs the U.S..” Paper, Belfer Center for Science and International Affairs, Harvard Kennedy School, August 2022, p.9.

2 Graham Allison, Alyssa Resar and Karina Barbesino. “The Great Diplomatic Rivalry: China vs the U.S..” Paper, Belfer Center for Science and International Affairs, Harvard Kennedy School, August 2022, p.9-10.

艾利森：2019 年，中國的外交網絡超過了美國，成為全球第一。

如今，中國有 276 個駐外大使館、領事館和其他駐外機構，而美國有 273 個駐外機構。拜登政府上任一年以來，在美國所有設有大使職位的大使館和領事館中，超過 1/3（69 個）尚未派駐大使。這在很大程度上是由於個別參議員決定"擱置"被提名的人 —— 包括美國駐華大使，他在等待參議院投票的 9 個月後終於得到任命。與之相反，沒有一家中國大使館出現過大使空缺。[1]

王輝耀：兩國在高級官員訪外方面情況如何？

艾利森：從 1993 年到 2000 年，江澤民主席出國訪問了 67 位國家領導人，而克林頓總統訪問了 133 位，中國大約是美國的一半。但從 2013 年到 2020 年，習近平主席的國際訪問次數達到 98 次，奧巴馬和特朗普加起來是 103 次，雙方幾乎等同。另一方面，美國國務卿繼續保持比中國同行更高的出訪頻率：從 2013 年到 2019 年，美國國務卿出訪 501 次，而中國只有 254 次。[2]

王輝耀：中美在國際組織中的存在和行為如何變化？

---

1 Graham Allison, Alyssa Resar and Karina Barbesino. "The Great Diplomatic Rivalry: China vs the U.S.." Paper, Belfer Center for Science and International Affairs, Harvard Kennedy School, August 2022, p.20.

2 Graham Allison, Alyssa Resar and Karina Barbesino. "The Great Diplomatic Rivalry: China vs the U.S.." Paper, Belfer Center for Science and International Affairs, Harvard Kennedy School, August 2022, p.21.

艾利森：在過去 20 年裏，在國際組織中工作的中國人數量急劇增加，而且在這些組織中，中國的外交官們已經走上了領導崗位。2000 年，中國官員沒有擔任任何聯合國專門機構的領導職務；2020 年，他們擔任了 15 個機構中的 4 個機構的領導職務，而美國只擔任了一個。隨著美國對國際機構的貢獻減少，中國已經介入，成為 2019 年聯合國安理會常任理事國中最大的維和人員派遣國（美國是最少的一個）。2000 年，中國是聯合國經常預算的第十六大貢獻國，如今已超過日本成為第二大貢獻國，僅次於美國。[1]

王輝耀：你如何評價美國和中國外交實力平衡的變化？

艾利森：在大多數指標上，中國相對於美國的地位在過去 20 年裏顯著上升。在主辦峰會、與國家元首的一對一會晤、在中國和其他國家首都與主要內閣官員面對面會晤、大使館和領事館的數量、駐外外交官人數、在國際組織中的代表席位、外交事務支出、外交培訓以及在國際組織中的領導地位方面，中國已經取得了巨大的飛躍。[2]

王輝耀：目前其他發達國家如何看待兩國？

---

1 Graham Allison, Alyssa Resar and Karina Barbesino. "The Great Diplomatic Rivalry: China vs the U.S.." Paper, Belfer Center for Science and International Affairs, Harvard Kennedy School, August 2022, p.15-16.

2 Graham Allison, Alyssa Resar and Karina Barbesino. "The Great Diplomatic Rivalry: China vs the U.S.." Paper, Belfer Center for Science and International Affairs, Harvard Kennedy School, August 2022, p.8.

艾利森：皮尤研究中心一項針對 14 個國家的調查顯示，在 2018 年至 2020 年期間，對中國的負面看法“飈升”到新的高度。事實上，每一個被調查國家的“多數人”都對中國持有“負面看法”。澳大利亞 81% 的人對中國持負面看法，英國 74%，瑞典 85%，加拿大 73%，日本 86%。僅在 2020 年，澳大利亞對中國持負面看法的人數就上升了 24%，英國 19%，瑞典 15%。與之相比，皮尤研究中心在 2021 年的民意調查顯示，美國政府的更迭帶來好感度急劇上升，拜登上任後，對美國持積極看法的受訪者從 34% 躍升至 62%。[1]

王輝耀：美中兩國軟實力相較如何？

艾利森：根據約瑟夫・奈（Joseph S. Nye, Jr.）教授的說法，軟實力是指“利用積極的吸引力和說服力來實現外交政策目標”，主要是通過讓其他國家“想你所想”來獲得。綜合報告《軟實力 30 強》（Soft Power 30）[2] 分析了來自五大洲 30 個國家的民意調查數據。該報告通過一個國家的“文化吸引力”、高等教育體系的聲譽、經濟模式的吸引力以及與世界的數字化聯繫程度等指標來衡量該國的軟實力。在 2019 年報告中，美國得分為 77.8 分，而中國得分為 51.85 分，美國

---

1 Graham Allison, Alyssa Resar and Karina Barbesino. “The Great Diplomatic Rivalry: China vs the U.S..” Paper, Belfer Center for Science and International Affairs, Harvard Kennedy School, August 2022, p22.

2 由英國波特蘭公關公司（Portland）與美國南加州大學公共外交研究中心（USC Center on Public Diplomacy）聯合發佈。—— 譯者註

領先中國 20 多分。美國在報告中位列前五，而中國則排在後五名。[1]

6. 國際秩序的未來

前文概述了艾利森教授對重塑美中關係的"結構性變化"的分析，即在經濟、金融、技術、軍事和外交領域的權力平衡中發生的結構性變化。最後，艾利森教授探討了這些結構性變化對國際秩序的影響以及美國和中國在其中的作用的看法，包括單極時代之後的形勢，"勢力範圍"的回歸，全球化的未來，以及為什麼美國和中國"注定要共存"。

王輝耀：如果單極秩序結束，取代它的將是什麼秩序？這將如何影響美國在世界上的角色？

艾利森：美國決策者發現美國掌握的全球權力分量已經縮水，這是更加緩慢而又令人痛苦的過程。如果用購買力平價來衡量，"二戰"後美國經濟佔世界 GDP 的一半，到冷戰結束時已降至全球的 1/4 以下，如今僅佔 1/7。對於一個核心戰略是以資源壓制所受到的挑戰的國家來說，這種下降令美國的領導地位受到質疑。[2]

單極化秩序已經結束，隨之而來的是其他國家將在美國主導的國

1 Graham Allison, Alyssa Resar and Karina Barbesino. "The Great Diplomatic Rivalry: China vs the U.S.." Paper, Belfer Center for Science and International Affairs, Harvard Kennedy School, August 2022, p25.

2 Graham Allison. "The Myth of the Liberal Order." *Foreign Affairs*, July/August 2018.

際秩序中獲得他們想要的位置的幻想。對美國來說，這種秩序需要美國接受這樣一個現實，即當今世界存在著一些“勢力範圍”，而並非所有這些“勢力範圍”都屬於美國。[1]

王輝耀：“勢力範圍”是什麼意思？

艾利森：當一個國家和另一個國家之間的權力平衡轉變為一方成為主導，就會產生新的權力平衡，這種平衡所投射的影子實際上成為一個“勢力範圍”。這個特定的術語是在 19 世紀初進入外交學詞彙庫的，但其概念和國際關係本身一樣古老（修昔底德指出，在公元前 5 世紀擊敗波斯人後，斯巴達要求雅典不要在其城邦的周圍重建城牆，以使其處於弱勢）。在傳統上，大國要求較小的國家在邊界和近海對大國給予一定程度的尊重，並期望其他大國尊重這一事實。中國和俄羅斯最近在各自周邊地區的行動只是這一傳統的最新案例。[2]

王輝耀：進入 21 世紀後，“勢力範圍”發生了什麼變化？

艾利森：“勢力範圍”也超越了地理範圍。當美國在創建互聯網以及構成互聯網的硬件和軟件方面處於世界領先地位時，美國享受着國家安全局前局長邁克爾·海登（Michael Hayden）後來所謂的“電

---

1 Graham Allison. “The New Spheres of Influence .” *Foreign Affairs*, March/April 2020.

2 Graham Allison. “The New Spheres of Influence .” *Foreign Affairs*, March/April 2020.

子監控的黃金時代”。由於大多數國家不知道美國國家安全局具有前承包商僱員愛德華・斯諾登（Edward Snowden）披露的監視能力，美國在利用技術竊聽、跟蹤甚至影響這些國家上擁有無與倫比的能力。但在斯諾登事件後，許多國家正在抵制美國目前阻止它們從中國電信巨頭華為購買 5G 無綫基礎設施的行動。正如目前正在考慮這一選擇的某位國家領導人最近所說的那樣，華盛頓正試圖說服其他國家不要購買中國的硬件（因為這將使中國更容易進行間諜活動），而是購買美國的硬件（因為這將使美國更容易進行間諜活動）。[1]

王輝耀：在新的多極世界中，全球化未來將如何演進？

艾利森：儘管全球化持續受到批評，但它仍將是一股強大的力量，重塑我們所知的以國家為基礎的國際關係。建立在美國主導的國際秩序基礎上的美國主導的全球化，在幾乎每一個方面都使產生巨大利益的建設性競爭成為可能。從科學和醫學的進步，到技術和產品以及思想、人類經驗、個人關係、食物，乃至生活，一個允許更多國家的更多個人為其增加價值的框架帶來了超出想象的好處。同時，政策制定者將不得不在全球化的收益與全球競爭擾亂所有國家的正常形態和生活這個現實之間取得平衡。美妙的新技術也是一把雙刃劍——正如我們所看到的那樣，在“9・11”事件中，恐怖分子劫持了飛機，將其改裝為制導導彈，並摧毀了世界貿易中心。全球化給各國帶來了

1 Graham Allison. “The New Spheres of Influence .” *Foreign Affairs*, March/April 2020.

不同的影響，每個國家都可以利用從中獲得的利益來加強其軍事和情報能力。此外，在幫助"其他國家崛起"方面，全球化對一個幾十年來已經習慣於佔據不受挑戰的優勢地位的國家構成了特別的挑戰。[1]

在 2019 年發表的文章"美國和中國能否成為競爭夥伴？"（Could the United States and China Be Rivalry Partners?）中，艾利森教授還強調了兩國必須認真合作才能保障在其他領域的最重要的生存利益。

王輝耀：儘管競爭激烈，為何美國和中國還"注定要共存"？

艾利森：21 世紀的客觀情況要求美國和中國必須共存，否則就只能共同毀滅。兩個客觀現實要求雙方必須這麼做。首先是核武器。冷戰期間，我們痛苦地認識到，蘇聯強大的核武庫能夠發動第二次核打擊，我們生活在一個"相互保證毀滅"的世界裏。這意味著如果一方攻擊另一方，那麼最終雙方都會被摧毀。因此，這就像是一種共同自殺行為。我把它比作不可分割的連體雙胞胎，如果一方在衝動之下勒死了另一方，雖然可以成功地殺死自己的孿生兄弟，但也會殺掉自己。這就是今天美中關係中的核武器現實。儘管美國的核武庫更大，但如果發生全面核戰爭，最終美國仍然會被摧毀。這就是"相互保證

1 Qingqing Chen and Yunyi Bai, "Compete and Coexist: US, China could develop new concept of relationship between great nations, Graham Allison says,"*Global Times*, December 13, 2020, https://www.globaltimes.cn/page/202012/1209820.shtml.

毀滅”機制[1]。

在21世紀，我們還面臨氣候威脅。中國是世界第一大溫室氣體排放國，美國是第二大排放國，[2] 兩國居住在同一個生物圈。任何一方都可能單憑自己就將地球環境破壞到誰也無法生存。因此，在氣候領域也存在一個類似核領域的相互保證毀滅機制。

此外，美國和中國在全球化進程和全球經濟中交織如此緊密，以至於雙方都無法在不削弱自己的情況下進行“脫鉤”。因此，一方面，美國和中國將是激烈的競爭對手，另一方面，自然和技術問題迫使雙方合作才能生存。[3]

像埃博拉或豬流感這樣的病菌是不分國界的。因此，正如肯尼迪所說，在一個“我們都呼吸著同樣的空氣”的地球上，合作防止病菌傳播對於保護本國公民是必要的。[4]

金融危機，類似2008年雷曼兄弟公司倒閉後發生的事件，引發了大蕭條，並可能導致第二次大蕭條，只有世界上最大的兩個經濟體

---

1 英語為“Mutually Assured Destruction”，簡稱M.A.D.機制，亦稱共同毀滅原則，是一種“俱皆毀滅”性質的軍事戰略思想，指對立的雙方中如果有一方全面使用核武器則雙方都會被毀滅，又被稱為“恐怖平衡”。—— 譯者註

2 1750年到2019年的270年間，美國累計排放4125億噸溫室氣體，約佔全球總量的1/4，是全球最大的累計排放國，為中國排放量的近兩倍。參見中國外交部《美國對華認知中的謬誤和事實真相》，2022年6月19日，http://www.news.cn/world/2022-06/19/c_1128756086.htm，檢索時間：2022年8月9日。—— 譯者註

3 Graham Allison, “Thucydides’s Trap Revisited: Prospects for China-US relations,” CCG Global Dialogue with Wang Huiyao and Li Chen April 6, 2021.

4 Graham Allison. “Could the United States and China Be Rivalry Partners?.” *The National Interest*, July 7, 2019.

合作才能管控好。在 2008 年，兩國做到了。正如美國前財政部長漢克・保爾森（Hank Paulson）——美國在 2008 年金融危機中的關鍵人物——所言，在可能引發全球大蕭條的情況下，中國在國內協調財政刺激措施的合作至少與美國的行動同樣重要，也許更重要（那些已經忘記了 20 世紀 20–30 年代大蕭條的政治後果的人應該上網搜索一下法西斯主義和納粹主義）。[1]

1 Graham Allison. "Could the United States and China Be Rivalry Partners?." *The National Interest*, July 7, 2019.

第三章

中美真的「注定要有一戰」嗎？

幸運的是，美國政府和中國政府都知道，熱戰對雙方都是一場災難。兩國政府中沒有一個嚴肅認真的人士想要戰爭。不幸的是，歷史上有許多這樣的例子：領導人並不希望發生戰爭，但他們發現自己被迫做出關乎命運的選擇，要麼接受他們認為不可接受的損失，要麼採取增加戰爭風險的措施。

——格雷厄姆・艾利森[1]

戰爭的發生充滿偶然性。人類的其他活動都不像戰爭這樣存在那麼多偶然性。它增加了每一種情況的不確定性，並擾亂了事件的進程。

——卡爾・馮・克勞塞維茨（Carl von Clausewitz）[2]

上一章概述了艾利森教授對美中關係結構性變化的評估，這種變化為修昔底德陷阱埋下了伏筆——一個崛起的大國（中國）相對於一個佔主導地位的守成大國（美國）在經濟、科技和軍事等各個領域的實力不斷增強。

然而，結構性的權力轉移本身並不會導致戰爭或使戰爭不可避免。國家領導人和政策制定者在發現國際關係處於結構性變化的情況下仍然有管理權力。他們可以做出將增加或減少戰爭發生可能性的决

1 Graham Allison, "Taiwan, Thucydides, and U.S.-China War," *The National Interest*, August 5, 2022, https://nationalinterest.org/feature/taiwan-thucydides-and-us-china-war-204060.

2 Carl von Clausewitz, On War. Translated by J. J. Graham (London and Knoxville: Wordsworth Editions, 1997).

定，包括對對手展開敵對軍事行動的最終決定。

這就提出了一個問題——儘管考慮到構成修昔底德陷阱的結構性因素已經形成，美中之間在 21 世紀真的會發生戰爭嗎，尤其是在雙方都不想發生戰爭的情況下？

在《注定一戰》一書中，艾利森教授有力地論證了答案是肯定的。他強調了歷史上的眾多案例——大國陷入一場沒有任何一方真正想要發生的戰爭。他展示了在危險的修昔底德動態中，誤解如何被放大，誤判如何成倍增加，風險如何擴大升級。他展示了本來可以控制的無關事件如何迫使一方或另一方做出反應，引發惡性循環，從而將兩國拖入一場誰都不願發生的戰爭。

為了闡明美中之間是否會發生這種情況，本章指出了艾利森教授對雙邊競爭的現狀、可能影響戰爭爆發的因素（如人性、野心和意圖以及文化和政治因素）以及可能導致美國和中國發生軍事衝突的潛在導火索。

王輝耀：如果我們仔細觀察今天的美中關係，那麼它與“修昔底德陷阱”模式有相似之處嗎？

艾利森：如今中美競爭的狀態如何？和修昔底德陷阱的發展軌跡一模一樣。如果修昔底德看到，那麼我想他會說，“這看起來是我所見過的最宏偉的崛起國，正加速趕上我所見過的最龐大的守成國，面對一股不可阻擋的力量和一個不會讓位的國家，我將看到有史以來最大的碰撞”，特別是那些描述美中關係的戰略理論，在華盛頓和北京都已經“破產”了。[1]

王輝耀：中美會夢遊一般走向戰爭、跌跌撞撞地走上 20 世紀初德國和英國的老路嗎？

艾利森：有這種可能性，這讓許多讀者覺得不可思議。但是我們應該記住，當我們說某件事情是“不可想象的”時，我們說的並不是這件事發生的可能性，而是我們有限的想象力無法想象到它的發生。

對於我們是否正在夢遊般地走向戰爭，我的回答是“是的”。以下是我用四條“推文”總結的論點：首先，未來 10 年的戰爭風險與一個世紀前德國和英國面臨的風險驚人地相似。第二，2500 年前，修昔底德在分析雅典和斯巴達之間的大戰時，就明確指出了導致第一次世界大戰和可能會引發第三次世界大戰的主要驅動因素。第三，在這種情況下防止戰爭爆發將需要遠超華盛頓或北京迄今所有的任何戰略想象力。第四，在這種情況下，潛在的最有能力的幫手是歐洲，但是歐洲現在缺位了。[2]

王輝耀：中美之間的戰爭是不可避免的嗎？

---

1 Graham Allison, “How to Escape the Thucydides Trap” speech given at the 2019 Harvard Alumni China Public Policy Forum, Center for China and Globalization, Beijing, March 22, 2019.

2 Graham Allison. “Beyond Trade: The Confrontation Between the U.S. and China.” *The Security Times*, February 2020.

艾利森：不，中美之間的戰爭不是不可避免的，不是不可避免的。我的書《注定一戰》要說的並不是戰爭是不可避免的。重要的事情說 3 遍。

這本書的目的是防止戰爭發生，而不是預測戰爭，也不是建議開戰。戰爭是一個瘋狂的想法，是一個災難性的想法。如果戰爭發生，那麼政治家們將無法將其歸咎為歷史的鐵律，而是因為他們未能採取他們本可以採取的行動來防止戰爭。本書的目的是試圖激勵善於思考的中國人和美國人以及世界上的其他人。我們都應該想想能做些什麼來防止一連串可能導致戰爭的事件，因為戰爭對每個人來說都是災難性的。[1]

王輝耀：哪些因素可以驅動導致戰爭的修昔底德動態？

艾利森：情況很複雜，每個案例的具體情況都不同，但基本上可以分為 3 個層次。

第一個層次是物質層次，馬克思稱之為客觀條件。第二個層次是感知、情感和心理活動，馬克思稱之為主觀因素。第三個層次是政治，即每個政府內部爭奪權力的鬥爭。讓我們以今天的中國為例。首先，在正常情況下，中國正在實現偉大復興的夢想。這和美國沒關係，中國不是要取代美國，只是讓窮人不那麼貧窮，讓普通人過上小

1 Graham Allison, "How to Escape the Thucydides Trap" speech given at the 2019 Harvard Alumni China Public Policy Forum, Center for China and Globalization, Beijing, March 22, 2019.

康生活，讓已經過上小康生活的人變得富裕。致富是一個高尚、合理、可以理解的願望。

但美國已經習慣了佔據每一個啄序的頂端，例如，第一大貿易夥伴，擁有最多億萬富翁，人工智能的領導者，等等，中國的強大令美國不舒服。英國看到德國變得強大時，斯巴達看到雅典變得強大時，都是如此。第一個層次就是現實的情況，也就是客觀條件。

其次，客觀條件是通過感知、情感和心理活動來處理的，這往往會導致錯誤的認知。在修昔底德陷阱中，這是灌輸在斯巴達心中的恐懼。感知、情感以及心理加工的結合，常常導致誤解甚至是誤判。

最後是政治，在每個政府內部的政治鬥爭中，沒有人希望在國家安全問題上有任何反對意見，因此每個人都努力比政敵更強硬。實際上，在目前華盛頓的辯論中，你可以看到民主黨人的立場是從右翼開始反對中國，這似乎很難令人相信。但這就是政治的運作方式，尤其是事關國家安全問題的政治。因此，將這 3 個層次疊加在一起，即對現實的認知加上政治，就產生了一種極端的脆弱——一些極端的行為或第三方的行為會成為一個導火索，引發一場風暴，進而帶來戰爭。[1]

王輝耀：美中領導人將如何影響修昔底德陷阱發生和導致戰爭的可能性？

---

1 Graham Allison, "How to Escape the Thucydides Trap" speech given at the 2019 Harvard Alumni China Public Policy Forum, Center for China and Globalization, Beijing, March 22, 2019.

關於中國領導人

艾利森：最了解修昔底德陷阱危險的人是中國領導人習近平主席。他經常講，要想應對中美兩國之間挑戰的最好辦法是建立一種新型大國關係。如果我們成功建立一種新型大國關係，就可以避免修昔底德陷阱。正如一個直接為習近平主席工作的人對我說的那樣："你認為習主席為什麼要談新型大國關係？舊的模式存在什麼問題？"他說，原因是我們知道在舊的關係模式裏，幾個世紀以來許多國家走向衝突，且往往是災難性的衝突，而我們並不希望美中關係也走上這樣一條路。因此，為了防止這種情況發生，我們需要建立新型大國關係。[1]

關於美國領導人

艾利森：我認為好消息是，美國總統拜登是一個務實的人，並且一直都在思考國際事務。我認識他已經超過 40 年了。他曾在參議院任職，曾擔任對外關係委員會[2] 主席，還曾擔任副總統。他和習近平主席相處的時間可能比普京或在此之前的李光耀以外的任何其他領導人都長。他們彼此了解。當他們在 2021 年 2 月通電話時，他們並不是從頭開始建立關係。他們是在已有關係的基礎上交流的。[3]

---

1 Graham Allison, "How to Escape the Thucydides Trap" speech given at the 2019 Harvard Alumni China Public Policy Forum, Center for China and Globalization, Beijing, March 22, 2019.

2 創建於 1921 年，是美國最大和最有影響的思想庫，有"超級智囊團""無形政策"和"真正的國務院"之稱。—— 譯者註

3 Graham Allison, "Thucydides's Trap Revisited: Prospects for China-US relations," CCG Global Dialogue with Wang Huiyao and Li Chen April 6, 2021.

拜登完全了解，美國和中國共同生活在小小的地球上，雙方都面臨著僅靠自己無法戰勝的生存挑戰。科技和自然注定了這兩個大國必須找到共存方式，以免同歸於盡。作為一名冷戰老兵，拜登清楚我們仍然生活在一個“相互保證毀滅”的世界裏，而如今大多數人都不理解這一點。他回憶到，對美國的決策者來說，要讓他們了解核大戰“互相保證毀滅”的概念，並接受它對理智的治國方略的戰略影響非常困難。[1]

王輝耀：中美之間的意識形態分歧能否得到控制？還是更有可能加劇？

艾利森：中美之間的意識形態分歧會愈演愈烈。在拜登的民主黨政府中，美國和中國在個人自由、人權和民主方面的根本分歧將比特朗普時期更加顯著。在民主黨選民中，人權倡導者影響力更大，拜登在競選中表明，將更加嚴厲譴責中國的暴力行為。此外，所有美國人都贊同我們《獨立宣言》的主張，即造物主賦予所有人不可剝奪的權利，包括“生命、自由和追求幸福”。這包括今天這個星球上的所有 77 億人（2020 年）。美國人還相信，民主是確保公民自由的最佳政府形式。

當然，有思想的美國人知道，這些都是願望，而不是成就，而

---

1 Graham Allison."Joe Biden's Challenge: How to Avoid A U.S.-China War." *The National Interest*, December 18, 2020.

且我們的民主，正如我們所說，也是“尚未完成的工作”（work in progress）。在《注定一戰》一書中，我非常清楚地陳述了我的判斷：如今，美國的民主已經功能失調 —— 華盛頓[1] 已經成為“功能失調的首都”（Dysfunctional Capital）的首字母縮寫。拜登總統已經明確宣佈，他的第一個也是最重要的挑戰將是重新統一一個嚴重分裂的國家，以表明我們的民主可以為我們所有的公民服務。但我們的失敗並不能說明他國就沒有缺陷。我們沒能實現願望也不會妨礙我們批評他國的不足之處。[2]

艾利森教授於 2017 年 12 月在《朝日新聞》上撰文，認為美國和中國在某些方面是相似的，比如他們都認為自己相當特殊，比其他國家優越。然而，他也寫道，他們對世界秩序的構想非常不同。

艾利森教授 2017 年在《外交事務》雜誌上撰文，詳細描述了美國和中國之間存在著某種“文明上的不相容”，這可能會增加修昔底德陷阱的風險並加劇雙邊競爭。艾利森教授寫道，這些差異在美國和中國對社會和世界秩序的關鍵組成概念的分歧中體現得最為明顯。艾利森教授承認，他所描述的差異是大略的概括，無疑過於簡化，並不能完全反映美國和中國社會的複雜性。但他認為，這些差異是重要的

---

1 美國首都的全名為華盛頓哥倫比亞特區（Washington，District of Columbia，縮寫為 Washington，D.C.）。—— 譯者註

2 Qingqing Chen and Yunyi Bai, “Compete and Coexist: US, China could develop new concept of relationship between great nations, Graham Allison says,”*Global Times*, December 13, 2020, https://www.globaltimes.cn/page/202012/1209820.shtml.

警示，美國和中國的政策制定者應該牢記這些差異，以避免戰爭。

艾利森教授還認為，兩國對於個人的定位也有不同的看法。他寫道，對美國來說，個人自由是《獨立宣言》中的一個核心價值，該宣言宣稱"人人生而平等"，他們"被造物主賦予某些不可剝奪的權利"。宣言明確指出，這些權利包括"生命、自由和追求幸福"，並宣稱這些不是可以辯論的問題，而是"不言自明"的真理。在艾利森教授看來——正如美國人所理解的那樣，個人自由打破了等級制度；在中國人看來，個人自由帶來了混亂。

王輝耀：美中在哪些方面相似？在哪些方面根本不相容？

艾利森：中國人相信在國內外都可以通過等級制度實現和諧。要想知道他們會如何建議亞洲的秩序安排，可以看看他們對自己社會的秩序安排。相比之下，美國人敦促其他大國接受一個"基於規則的國際秩序"。但在中國人眼中，這顯然是一個由美國人制定規則、其他國家服從命令的秩序。[1]

美國人認為政府是一種必要的惡，並認為必須警惕和限制國家施行暴政和濫用權力的傾向。對中國人來說，政府是一種必要的善，是確保秩序和防止混亂的基本支柱。在美式自由市場資本主義中，政府制定並執行規則；國家所有制和政府對經濟的干預有時會出現，但都是不受歡迎的例外。在中國國家主導的市場經濟中，政府制定增長目

---

1 Graham Allison: Avoiding A Sino-American War." News, *Asahi Shimbun*, December 22, 2017.

標，挑選和補貼一些行業促進其發展，補貼優秀企業，並施行重大的長期經濟項目，以促進國家利益。

中國文化並不推崇美國式的個人主義，因為美國式的個人主義是以保護個人權利和促進個人自由的程度來衡量社會的。事實上，中文中的“個人主義”一詞暗示了一種自私的將個人利益置於集體利益之上的做法。在中國，“不自由，毋寧死”相當於“如果沒有一個和諧的集體還不如死”。對中國來說，秩序是最高的價值，和諧來自於等級制度，制度下的人要遵循孔子的第一重要的倫理道德：各安其位。[1]

至少從“二戰”結束以來，華盛頓一直試圖防止出現一個能夠挑戰美國軍事統治地位的“同等級競爭者”。但戰後美國的國際秩序概念也強調需要一個基於規則的全球體系，即使是美國也要受到約束。[2]

---

1 Graham Allison. “China Vs. America.” *Foreign Affairs*, August 15, 2017. 此處艾利森似乎對儒家思想的闡釋並不全面。秩序本身並不是目的，秩序所維繫的穩定、和平與繁榮才是目的。如果統治者惡政治國、對民生疾苦漠不關心，則推翻這種統治才是儒家所謂的“仁義”之舉。孔子提出的“君君、臣臣、父父、子子”是有前提的、關係是相互的，例如“君使臣以禮，臣事君以忠”；孟子告齊宣王曰：“君之視臣如手足；則臣視君如腹心；君之視臣如犬馬，則臣視君如國人；君之視臣如土芥，則臣視君如寇讎。”孟子曰：“無罪而殺士，則大夫可以去；無罪而戮民，則士可以徙。”—— 譯者註

2 Graham Allison. “China Vs. America.” *Foreign Affairs*, August 15, 2017. 美國及北約多次在未獲得聯合國授權的情況下，發動、介入戰爭，如 1999 年轟炸南斯拉夫聯盟、2003 年發動伊拉克戰爭、2011 年介入敘利亞內戰。美國還不斷依據國內法來對別國實施經濟金融制裁以達到自身目的，即“長臂管轄”，例如制裁俄羅斯與德國、奧地利等歐洲國家合作的“北溪 -2”天然氣管道項目，禁止歐洲企業與伊朗合作，以華為違反了美國對伊朗的制裁令為由在加拿大抓捕華為公司首席財務官孟晚舟，等等。—— 譯者註

艾利森教授還表示，中美兩國都具有同一個可能加劇文化衝突的特殊之處：那就是他們都傾向於有一種“極端的優越感”。在兩國的文化基因中，都把自己看成是無以倫比的和出類拔萃的。但當然，在現實中，只有一個能成為第一。艾利森教授引用了新加坡前總理李光耀的話，來對美國是否能夠接受和適應一個崛起的中國表示擔憂，“美國人的文化優越感將使這種調整變得極為困難”。

艾利森教授指出，美國人將自己視為文明的先鋒，尤其是在政治發展方面。例如，當《獨立宣言》宣佈“人人生而平等”並被賦予包括“生命、自由和追求幸福”在內的權利時，該文件宣稱這些是“不言自明”的真理，不容質疑。

同時，艾利森教授寫道，中國人的例外主義並不亞於美國。他引用了歷史學家哈利・吉爾博（Harry Gelber）的話——中華帝國將自己視為“文明宇宙的中心”，在帝國時代，“中國的士大夫根本不會從現代意義上的‘中國’或‘中國文明’的角度來思考。”艾利森教授寫到，中國至今仍為其文明成就感到自豪，他引用了習主席在 2014 年出版的《習近平談治國理政》（*The Governance of China*）一書中的一句話：“中華文明綿延數千年，有其獨特的價值體系。”[1]

王輝耀：中國想要什麼？中國想取代美國在亞洲的地位嗎？

艾利森：習近平主席想要什麼？一言以蔽之：實現“中華民族的

1 Graham Allison. “China Vs. America.” *Foreign Affairs*, August 15, 2017.

偉大復興”。[1]

習近平主席的“中國夢”結合了繁榮與強大——相當於西奧多·羅斯福（Theodore Roosevelt）描繪的美國世紀的武力願景和富蘭克林·羅斯福（Franklin Roosevelt）充滿活力的新政（The Roosevelt New Deal）的結合。它抓住了十多億中國人的強烈渴望：富裕起來、強大起來、獲得尊重。習近平主席看起來極為自信，他希望在他的有生之年，中國可以通過維持經濟奇跡、培養愛國公民和在世界事務中不向其他大國低頭來實現這三個目標。[2]

我們向李光耀提出的問題之一是：中國目前的領導人，是否真的想在可預見的未來取代美國成為亞洲的主導力量？中國人通常覺得這個問題令人不適。中國的學者們覺得這個問題更加令人不舒服。所以，你無法讓大多數中國學者回答這個問題。李光耀當時已經 88 歲了。所以，他說他只是按照他所看到的來判斷。他是怎麼說的？他說：“當然了。為什麼不呢？有誰不這麼想呢？到那時，中國怎麼能不渴望成為亞洲第一呢？”[3]

王輝耀：中美正在“冷戰”嗎？

---

1 Graham Allison, *Destined for War: Can America and China Escape Thucydides's Trap?* Scribe Publications, 2017, 107.

2 Graham Allison, *Destined for War: Can America and China Escape Thucydides's Trap?* Scribe Publications, 2017, 108.

3 Graham Allison, "How to Escape the Thucydides Trap" speech given at the 2019 Harvard Alumni China Public Policy Forum, Center for China and Globalization, Beijing, March 22, 2019.

艾利森：嗯，答案是——不幸的是，我是個教授，所以這個問題很複雜——答案是肯定的，也是否定的。但如果我只能選一個，那麼我會說"沒有"。讓我簡單地解釋一下。美國和中國之間的關係是一種競爭關係嗎？修昔底德精準地捕捉到了這種競爭：當兩個國家之間權力的蹺蹺板快速變化，最初，競爭的雙方由於所處蹺蹺板的高下位置，要視綫向下或者向上來看對方，突然之間，蹺蹺板動了。

這就是我在書中描述的修昔底德競爭，我認為這是對我們所面臨問題的最佳診斷，所以我認為這就是現實情況。但與此同時，美國和中國生活在一個小小的星球上，兩國都有核武庫，都向同一個有限的生物圈排放溫室氣體。因此，在這個星球上，它們中的任何一方，都可以毀掉這個自己和另一方共存的世界。所以我將兩國比喻成本質上不可分割的連體雙胞胎。無論我對競爭對手有多大的敵意，無論他有多該死，如果我屈服於這種誘惑，一方殺死了另一方，那就等於一起自殺。我的生存是我國的重大國家利益，這需要我找到一種方式與你共存，即使與此同時，我與你進行激烈的競爭。這就是我對中美問題的看法，因此我認為中美之間絕不是冷戰。認為世界上可能會出現新的經濟鐵幕，美國在一邊，其他所有人都會加入美國這一邊，而中國在另一邊，這種想法毫無意義，因為中國是所有國家的主要貿易夥伴，中國是全球經濟的支柱。因此，雖然中美競爭與冷戰有一些相似之處，但差異也是巨大的，特別是經濟差異。[1]

---

1 Graham Allison, "The Future of Great Power Relations: How can the US and China Co-Exist?" CCG Global Dialogue with Wang Huiyao, March 3, 2022.

王輝耀：中美會脫鈎嗎？

艾利森：脫鈎這個詞引起了共鳴，特朗普開始講脫鈎時，媒體實際上誇大了這件事。但是，如果你看看實際情況，美國和中國之間的貿易量現在比開始脫鈎之前更大。因此，儘管有貿易戰，兩國貿易還是回到了貿易戰之前的水平。部分原因是，美國人是消費者，而中國是世界上最成功的消費品生產商。蘋果手機在哪裏組裝？中國。新能源汽車的電池從哪裏來？中國——或者組件/原料來自中國。這個名單還有很長。基本上，兩國經濟關係是繼續發展的，但與此同時，在某些領域出現了倒退。特朗普政府拒絕向中國出口一些貿易類目，特別是先進半導體，這對中國的一些行業產生了很大的影響，儘管中國正在針對大多數領域的半導體發展自主生產能力，包括最先進的半導體。因此，我認為我們最終會努力使某些領域脫鈎，或者，針對一些涉及軍事或國家安全的貿易類目設置安全圍欄，但這些類目非常少。然後，我們會更多使用保護主義，你現在就能看到，拜登的"重建更好未來"（Build Back Better）計劃中就有相當一部分。如果你聽了昨晚的國情諮文演講，中國製造的價格實際上只有美國製造的1/2或2/3，這顯然意味著要為同樣的商品支付更多費用。因此，我們要找出辦法，使美國在可以生產的商品和服務方面的比較優勢，可以對沖中國的比較優勢（給我們帶來的劣勢）——至少是在消費品製造方面的主導地位，比如那些填滿沃爾瑪、塔吉特和家得寶的商品，並找到一種方法來處理不可避免的貿易逆差。這非常有挑戰性，尤其是在兩國政治環境下，尤其是對美國而言。但我認為，展望未來，在安全領域中國和美國肯定是連體雙胞胎，如果爆發核戰就會互相摧毀。當然，我想說，在氣候領域，除非兩國能找到限制溫室氣體排放的方法，否則兩國都會破壞雙方的生物圈。我認為，即使是在經濟領域，也存在一些我們還沒有發現的類似情況。[1]

王輝耀：如果雙方都明白戰爭沒有意義，修昔底德動態還會導致戰爭嗎？

艾利森：今天，大部分人對戰爭一無所知。"二戰"時期有 5000 萬人喪生，這是難以想象的。今天的核戰爭將是怎樣的？核戰爭意味著北京會消失，波士頓會消失，這一點兒也不誇張。這很難想象，但是美中全面核戰爭會導致所有中國人和所有美國人喪生。任何能從這場大戰中活下來的人都會說，這些人瘋了，他們怎麼能讓這一切發生呢？他們怎麼就不明白這是多麼危險的事情？如果他們認真思考過，然後他們說，好吧，針對台灣問題，中國做了什麼，或者美國做了什麼，導致連鎖反應，最終爆發了戰爭。他們會思考原因，但這還有意義嗎？

在戰爭面前這些都沒有意義了，就像"一戰"後人們反思歐洲一樣，在那之前歐洲佔據世界文明的中心位置 500 年，但"一戰"摧毀

1 Graham Allison, "Thucydides's Trap Revisited: Prospects for China-US relations," CCG Global Dialogue with Wang Huiyao and Li Chen April 6, 2021.

了歐洲。此後，歐洲在全球的角色再也恢復不到500年前那樣重要了。為什麼？因為某位大公被恐怖分子暗殺了，然後引起連鎖反應，5個星期內，歐洲所有國家捲入了一場毫無意義的戰爭。所以，李晨主任提醒了我們一個痛苦的事實，今天沒人能真正深刻體會到一場全面的、真正的戰爭是多麼可怕和瘋狂。

幸運的是，五角大樓沒有一個人認為與中國開戰是好事。我認為解放軍也不會認為與美國開戰是一個好注意。這很好。但我們的民眾需要了解這一點。

即使雙方都明白戰爭是不可能的，也並不意味著戰爭就不會發生。因為一系列螺旋式的反應會將你拖入你不想陷入的境地。[1]

王輝耀：面臨共同威脅能否降低戰爭的可能性？

艾利森：嗯，我想說，"生存"是一個非常重大、非常迫切的事情。國家不屬於某一個領導者。理智的國家領導人不會帶領他們的國家自殺。也許我們可以找到一些這方面的例子，但這是非常、非常、非常罕見的。因此，如果中國和美國領導人都很理智，如果拜登總統和習近平主席都很理智，那麼他們會觀察這個世界並思考，如果我們兩國發生核戰爭，會發生什麼。他們很快就會得出正確的結論：這是個壞主意。

---

1 Graham Allison, "Thucydides's Trap Revisited: Prospects for China-US relations," CCG Global Dialogue with Wang Huiyao and Li Chen April 6, 2021.

如果從長遠的角度來看氣候挑戰，他們會認識到，按目前的趨勢，任何一方就能單獨排放足夠導致整個生物圈不適合人類生存的溫室氣體。所以戰爭是個糟糕的想法。新冠疫情也是如此，在全國各地設置防止病毒傳播的屏障、以達到零傳播的希望落空了。事實證明，中國試圖在發現病例時就限制其傳播的策略比美國的策略更成功，但仍然無法清零。病毒和細菌會穿越國界，但我沒認真研究這個事情。總之，阻止這些災難發生、找到解決辦法，符合兩國的共同利益。

在核擴散問題上，我們可以從目前正在進行的伊朗核談判中看到這一點行。那麼，兩國能做什麼？我認為在很多類似的領域，兩個理性的國家應該能在競爭中找到合作的方法。這為美國和中國在各個層面討論失控的危險製造了一個令人信服的理由，它們可以問問自己 —— 我們能在朝鮮問題上開展什麼合作？針對台灣問題的分歧我們能做什麼？在南海和東海的巡航問題上，我們能做些什麼？[1]

王輝耀：新冠疫情如何改變了美中關係的進程？

艾利森：如果要推測新冠疫情之後的世界形勢，那麼我認為修昔底德將從結構性現實著手。他認為是雅典的崛起以及由此引發的斯巴達的恐懼使戰爭幾乎不可避免，同時，他也將認為未來國際政治的決定性特徵仍然是發生在崛起的中國和佔主導地位的美國之間的類似競

1 Graham Allison, “The Future of Great Power Relations: How can the US and China Co-Exist?” CCG Global Dialogue with Wang Huiyao, March 3, 2022.

爭。防止新冠疫情蔓延現在已成為這些競爭對手的另一個比賽場。兩國如何應對這一挑戰，以及他們的應對將如何影響其國內生產總值、其公民對政府的信心以及他們在世界上的地位，都將成為這場競爭的一部分。[1]

我們必須認識到，新冠病毒的威脅給本已深化的、無法逃避的結構性現實雪上加霜。中國是一個正在迅速崛起的大國，確實威脅到了美國的地位，而我們一直認為這是美國在每一個啄序中理所當然擁有的位置。簡而言之，這是一場典型的修昔底德式競爭，意味著類似伯羅奔尼撒戰爭的一切都可能發生（包括兩國都不希望發生的災難性戰爭）。

令情況更加複雜的是，每個國家在這場與新冠疫情的"戰爭"中的成功和失敗（包括疫苗競賽）將不可避免地成為這場競爭的一個重要象徵。由於新冠病毒可以跨國傳播，即使一個國家成功地將國內的新感染病例清零，從海外回國的公民也可能將這種病毒帶入國境，從而引發新一波感染。因此，要想戰勝疫情，各國都需要有效的疫苗。同時，由於中國不僅成功阻止了感染率增加且將新感染病例近乎清零，而美國則陷入了困境，因此，再多的言辭也無法掩蓋這種糟糕的狀況。這對中美全面競爭、對認為民主相比專制存在優勢以及對美國在世界上的地位的影響將是深刻的。

---

1 Graham Allison. "The US-China Relationship After Coronavirus: Clues from History." *COVID-19 and World Order. Ed. Hal Brands and Francis J. Gavin. Johns Hopkins University Press*, 2020, pp.390-391.

從歷史上看，民主國家對挑戰的覺醒很慢，反應也很慢——沒有比美國更慢的了。但是，一旦民主國家專注於挑戰，它們的反應將是可怕的。如果美國幾個世紀以來所進行的偉大戰爭（從13個殖民地為擺脫英國統治而進行的革命到“二戰”）在一個季度內就結束，那麼美國早就是失敗者了。因此，在這場抗擊新冠疫情的長期“戰爭”中，認為美國失敗還為時過早。正如世界上最成功的投資者沃倫·巴菲特（Warren Buffett）反覆提醒投資者的那樣：長期來看，賣空美國的人從沒有賺到錢。[1]

在俄烏冲突開始後不久，在2022年3月3日參加“CCG對話全球”視頻節目時，艾利森教授分享了一些思考。

王輝耀：烏克蘭戰爭對美中關係意味著什麼？

艾利森：中國和俄羅斯之間可能的“結盟”行為違背了地緣政治的慣常做法，因為從原則上講，如果你只是一個火星分析家，你會說中國和俄羅斯有很多理由相互敵對，而不是成為盟友。許多曾經屬於中國的領土現在在俄羅斯版圖之內，包括一個被俄羅斯人稱為符拉迪沃斯托克[2] 的港口，其在中國地圖上仍然有中文名字。廣袤的西伯利亞地區荒無人煙，卻蘊含豐富的資源，但邊界的另一邊是數億人口，

1 Qingqing Chen and Yunyi Bai, “Compete and Coexist: US, China could develop new concept of relationship between great nations, Graham Allison says,”*Global Times*, December 13, 2020, https://www.globaltimes.cn/content/1209820.shtml.

2 中文名海參崴。——譯者註

卻缺乏石油、天然氣和其他資源。我可以給這個問題提供一個解決方案。敵對的理由還有很多。世界上兩個天然應該對立的國家，怎麼可能在行動上保持一致？

我曾經提到，有兩大因素令中國與俄羅斯走得很近。首先是中國出色的外交，尤其是習近平主席的外交，他和普京建立了密切的關係，令中俄新時代全面戰略協作夥伴關係不斷深化。其次，美國已將中國和俄羅斯定位為對手，並試圖孤立它們兩個，但美國忽略了一個事實，即敵人的敵人就是朋友。這才是地緣政治的玩法。所以，我們一直以來將中國和俄羅斯推得更近了。而這與我們現在正在紀念三邊外交 50 週年正好相反。習近平主席比美國人更好地掌握了這一點。所以我想說，現在發生的事情讓中國感到壓力，因為俄羅斯所做的事情公然違背了中國處理國際關係的基本原則。我認為，中國不僅是口頭上說說這些基本原則，中國政府認同《聯合國憲章》的基礎，包括尊重主權和領土完整。沒有人可以否認，俄羅斯奪取克里米亞和入侵烏克蘭，是違反尊重他國領土完整原則的。所以這讓外交部非常難辦。你能看到，他們一直在想解決方案。但與此同時，我在這篇文章中寫到，考慮到自身利益，在必須做出艱難的選擇時，中國將支持普京。我認為這就是到目前為止我們所觀察到的。

最後一點，我感興趣的是，中國外交部長王毅與烏克蘭外長進行了一次談話，根據外交部對這次談話的通報，王毅表示中國願意在停火談判和解決問題方面發揮積極作用，而烏克蘭將是一個中立國家。因此，我認為我們很可能會看到中國開展更多活動，試圖在這一領域發揮和平締造者的作用。[1]

1. 通向戰爭之路

在《注定一戰》一書中，艾利森教授推斷了美中之間可能會走向戰爭的 5 個路徑。自該書出版以來，他在工作中發展和擴大了這些“通向戰爭的路徑”。在艾利森教授設想的場景中，一系列可能導致戰爭的事件始於“導火索”，如海上船隻的意外碰撞、“台灣獨立”、第三方挑起的戰爭、朝鮮崩潰，或從經濟衝突升級到軍事戰爭。艾利森教授還描述了那些將導火索變成戰爭的“催化劑”，“就像把點燃的火柴扔到汽油上”。

其中一些催化劑與“戰爭迷霧”有關，即戰爭的不確定性會使政策制定者採取激進的行動，而如果掌握了全部事實，他們可能會更加謹慎地行動。艾利森教授舉了一個例子：1964 年，在北部灣行動的美國海軍“馬多克斯號”驅逐艦聲稱受到（越南民主共和國）第二次襲擊，這個錯誤警報為美國向北越宣戰埋下了種子。[2] 他還指出，網

1 Graham Allison, “The Future of Great Power Relations: How can the US and China Co-Exist?” CCG Global Dialogue with Wang Huiyao, March 3, 2022.

2 1964 年 7 月底，美國海軍軍艦協同西貢海軍執行“34A 行動計劃”，對越南北方進行海上襲擊。8 月 1 日，美第七艦隊驅逐艦“馬多克斯”號為搜集情報，侵入越南民主共和國領海，次日與越南海軍交火，擊沉越南魚雷艇。美國政府迅即發表聲明，宣稱美海軍遭到挑釁。3 日，美國總統林登·約翰遜宣佈美國艦隻將繼續在北部灣（越南稱“東京灣”）“巡邏”。4 日，美國宣稱美軍艦隻再次遭到越南民主共和國魚雷艇襲擊，即所謂“北部灣事件”，並以此為藉口於 5 日出動空軍轟炸越南北方義安、鴻基、清化等地區。7 日，美國國會通過《東京灣決議案》，授權總統在東南亞使用武裝力量。約翰遜後來承認，所謂“受到襲擊”的事情根本不存在。一些歷史學家稱，即使沒有“北部灣事件”，美國也會將戰爭全面升級，因為當時美國和蘇聯正在東南亞進行激烈的軍事競爭，如果北越統一越南，會嚴重損害美國的利益（與朝鮮統一韓國一樣），因而美國的目標就是消滅北越。—— 譯者註

絡攻擊等破壞性技術和武器加劇了風險升級，因為通信中斷會使“戰爭迷霧”愈加嚴重，造成混亂，可能導致更多誤判。本章的以下部分著重論述了艾利森教授對歷史上引發戰爭的教訓以及導致美中衝突最危險的導火索的看法。

王輝耀：歷史上，一旦修昔底德陷阱的條件形成，戰爭是如何開始的？

艾利森：回想一下 1914 年的情況。我在《注定一戰》中有一章寫了 1914 年發生的事情。崛起的德國和英國之間產生了競爭。1914 年 6 月，奧匈帝國大公（他是二級官員）在薩拉熱窩被暗殺。他與英國沒有關係，與德國也沒有關係。但這次暗殺和各國的反應在 6 個星期內將整個歐洲捲入戰爭，並在 4 年內摧毀了整個歐洲和歐洲作為當時世界領導者的地位。因此，第三方行動或意外，外部行為，可以產生這樣一系列的反應，特別是在一個敏感的時期。[1]

王輝耀：美中衝突的潛在導火索是什麼？

艾利森：儘管看起來不可思議，但美國和中國之間發生熱戰的可能性要比大多數人想象的要大得多，而戰爭一旦發生將會很瘋狂。當美國發現一個正在崛起的中國威脅到其在各個領域的領導地位時，會越來越驚慌失措。當中國為確保能實現中國夢而進行反擊時，雙方都

---

1 Graham Allison, “How to Escape the Thucydides Trap” speech given at the 2019 Harvard Alumni China Public Policy Forum, Center for China and Globalization, Beijing, March 22, 2019.

應該清楚地意識到，在過去 500 年的 16 個案例中，有 12 個修昔底德式競爭的案例走向真正的戰爭。[1]

台灣問題

艾利森：台灣是中國的"核心利益"——就像阿拉斯加之於美國一樣，台灣被視為中國的一部分。任何"台獨"的嘗試都很容易成為開戰的原因。1996 年，當台灣當局採取初步獨立措施時，中國進行了廣泛的導彈試驗。克林頓政府將兩艘美國航母開到該地區，台海危機加劇。此後，中國一直在加強某些方面的軍事能力（如反航母導彈）以確保獲得軍事優勢。如果今天在類似的對決中，一艘美國航母被擊沉，5000 名美國人的死亡可能使美國和中國捲入難以停止的戰爭漩渦。[2]

我擔心的是，台灣是一個巨大的定時炸彈，可能導致悲劇性的衝突……過去 50 年，美國和中國對台灣採取一種模糊的態度，這在一定程度上成功了，儘管有一些不便、發生了幾次危機、面臨著一些困難，但中國、中國台灣和美國都從未有過這麼長的繁榮與和平時期。

---

1 Wenwen Wang, "Biden presidency will not be a third Obama term administration: Graham Allison,"*Global Times*, November 23, 2020, https://www.globaltimes.cn/content/1207739.shtml.

2 Wenwen Wang, "Biden presidency will not be a third Obama term administration: Graham Allison,"*Global Times*, November 23, 2020, https://www.globaltimes.cn/content/1207739.shtml.

那麼台灣會出問題嗎？一定會。[1]

朝鮮問題

艾利森：如果朝鮮為了獲得可靠的打擊美國本土的能力而重新測試洲際彈道導彈，我可以很容易地想象到戰爭，甚至在拜登政府任期內，美國就會打擊朝鮮。然後，我們將何去何從？我們應該記住朝鮮戰爭。[2]

任何人都不應該忘記 1950 年的事件是如何導致一場大規模戰爭的，數萬名中國士兵和美國士兵互相廝殺。朝鮮半島南北雙方交戰，朝鮮在 3 個月內幾乎將半島統一。美國救援韓國。當美國軍隊越過三八綫並逼近中國邊境時，毛澤東派出近百萬人與美國交戰。他們成功地將美國逼退到朝鮮半島上的三八綫，美國在那裏提出了議和。[3]

---

1 Transcript of Ambassador Cui Tiankai's Dialogue with Professor Graham Allison at the Annual Conference of the Institute for China-America Studies, https://www.mfa.gov.cn/ce/ceus//eng/zmgxss/t1838064.htm.

2 Transcript of Ambassador Cui Tiankai's Dialogue with Professor Graham Allison at the Annual Conference of the Institute for China-America Studies, https://www.mfa.gov.cn/ce/ceus//eng/zmgxss/t1838064.htm.

3 Wenwen Wang, "Biden presidency will not be a third Obama term administration: Graham Allison,"*Global Times*, November 23, 2020, https://www.globaltimes.cn/content/1207739.shtml. Wenwen Wang, "Biden presidency will not be a third Obama term administration: Graham Allison,"*Global Times*, November 23, 2020, https://www.globaltimes.cn/content/1207739.shtml.

南海問題[1]

艾利森：從華盛頓的角度來看，崛起的中國正在尋求削弱基於規則的國際秩序。

從中國的角度來看，中國的海岸綫外是中國的海洋。在海岸綫附近的水域，中國要求其他國家，首先是美國，接受其主導地位，就像他們接受美國在加勒比海的特殊地位一樣。

作為歷史的現實學生，中國領導人認識到，美國自“二戰”以來扮演的保護地區穩定的守護者角色對中國的崛起至關重要。但他們相

---

1 2002 年 11 月 4 日，在金邊舉行的中國與東盟領導人會議期間，中國與東盟各國外長及外長代表簽署了《南海各方行為宣言》（以下簡稱《宣言》）。《宣言》確認中國與東盟致力於加強睦鄰互信夥伴關係，共同維護南海地區的和平與穩定。《宣言》強調通過友好協商和談判，以和平方式解决南海有關爭議。在爭議解决之前，各方承諾保持克制，不採取使爭議複雜化和擴大化的行動，並本著合作與諒解的精神，尋求建立相互信任的途徑，包括開展海洋環保、搜尋與求助、打擊跨國犯罪等合作。2011 年，美國奥巴馬政府宣佈了以 6 大支柱為重點的重返亞太（亞太再平衡）戰略，包括：(1) 加強與日本、韓國、菲律賓、泰國和澳大利亞等傳統盟友的關係；(2) 加強與印度、新加坡和印度尼西亞等友國和新興大國的關係；(3) 積極參與區域架構的建設，如：東亞峰會（EAS）、亞太經濟合作組織（APEC）、東盟地區論壇（ARF）、湄公河下游倡議（LMI）以及東盟防長擴大會議（ADMM+）等機制；(4) 加強軍事存在，向該地區（新加坡、澳大利亞和菲律賓等國）部署部隊，通過雙邊和多邊軍事演習繼續維持在該地區的存在；(5) 促進與該地區的經濟合作，即包括：跨太平洋夥伴關係協定（TPP）的談判、支持亞太經合組織以及擴大與東盟經濟交往的倡議（E3）；(6) 繼續傳播和促進民主價值觀、人權等。2012 年 4 月，菲律賓派軍艦到中國黃岩島襲擾中國漁民；9 月，日本野田政府宣佈將中國釣魚島“國有化”；2014 年 5 月，越南動用大量艦船干擾中企南海鑽井平台作業。據美國前駐華大使芮效儉稱，2015 年 9 月 25 日，在與奥巴馬總統的聯合記者招待會上，習近平主席其實就南海問題提出了一個更加合理的方案，表示會支持全面、有效地落實中國在 2002 年同東盟簽署的《南海各方行為宣言》，並呼籲儘早完成中國—東盟關於“南海行為準則”的磋商，芮大使還表示，儘管中國在南沙群島的部分礁石和淺灘上進行了大規模的填海作業，但並不打算在有爭議的南沙群島“搞軍事化”。芮大使說，奥巴馬錯失了利用這個合理提議的機會。相反，美國海軍加強了巡邏力度。中國的回應是繼續推進軍事化。此處參見 [新加坡] 馬凱碩（Kishore Mahbubani）所著《亞洲的 21 世紀》。—— 譯者註

信，隨著將美國帶到亞洲的浪潮退去，美國必須隨之離開。正如習近平主席在 2014 年歐亞領導人會議上所說："亞洲的事情歸根結底要靠亞洲人民來辦，亞洲的問題歸根結底要靠亞洲人民來處理，亞洲的安全歸根結底要靠亞洲人民來維護。"說服美國適應這一新現實的嘗試在中國南海最為激烈。這片海域的面積與加勒比海相當，與中國和 6 個東南亞國家接壤，包括數百個島嶼、珊瑚礁和其他標誌物，其中許多在漲潮時被淹沒。

…… 南海爭端正在逐步展開，這場爭端將取決於美國和中國的基本戰略假設和盲點。這意味著美國將繼續下象棋，而中國則重新排列其圍棋棋盤上的棋子，有條不紊地在這個舞台上產生緩慢但又巨大的改變。[1]

王輝耀：什麼因素使台灣成為潛在的危險爆發因素？如何降低這種風險？

艾利森：任何一屆中國政府都不可能接受"失去"台灣，這威脅到其生存。如果中國像在 1996 年那樣進行導彈試驗，威脅到台灣地區運輸石油、食品和其他基本物資的生命綫，美國將如何回應？[2]

如果美國決定保衛台灣地區，那麼這場衝突可能會導致什麼結果？此外，如果美國在一場關於台灣地區的局部戰爭中面臨失敗，那

1 Graham Allison. "Chinese Content to Play the Long Game." *Herald Sun*, July 11, 2017.

2 Graham Allison. "Beyond Trade: The Confrontation Between the U.S. and China." *The Security Times*, February 2020.

麼它是接受失敗，還是選擇升級戰爭？如果美國將戰爭升級，那麼會導致什麼結果？

顯然，這個話題在美國和中國的熱度越來越高。因為這些問題都沒有良好的解決方式，所以我們都要認識到風險，並提前採取行動，防止可能導致對抗和衝突的危機升級為災難性的戰爭。要成功防止台灣成為 21 世紀的薩拉熱窩，需要習近平主席和拜登總統與他們各自領導的政府進行長期、審慎、坦誠的對話。今天，缺乏這樣的溝通使兩國都容易受到意外或事故的影響，從而帶來災難性的後果。[1]

艾利森教授寫到，1950 年朝鮮戰爭的爆發警醒我們，大國容易受到第三方挑釁的影響。

王輝耀：第三方因素真的會導致美國和中國開戰嗎？

艾利森：朝鮮的金正恩會不會引發美國和中國之間的戰爭？如果這看起來是不可想象的，那麼想想他祖父做過的事情。1950 年 1 月，美國並不計劃與中國開戰。在中國內戰期間，美國曾經考慮過與中國開戰，但果斷放棄了 —— 因為這意味著要派美國軍隊到亞洲大陸作戰。1950 年，毛澤東剛剛帶領中國共產黨人在一場內戰中取得勝利，並專注於鞏固政權。中國與一個經濟規模大 50 倍、壟斷了核

1 Wenwen Wang, "Biden admin needs two contradictory minds to deal with China challenge: Graham Allison,"*Global Times*, September 26, 2021, https://www.globaltimes.cn/page/202109/1235155.shtml.

武器、5 年前剛剛在日本投下原子彈來結束“二戰”的國家開戰，是不可想象的。

但在 1950 年 6 月，朝鮮半島南北方突然交戰。[1] 僅僅 3 個月，朝鮮就幾乎佔領了朝鮮半島。在最後一刻，美國前來支援韓國。道格拉斯・麥克阿瑟（Douglas MacArthur）將軍和仍在日本佔領的兩個師的美軍在朝鮮半島登陸，並迅速將朝鮮人打回三八綫以北。在沒有慎重考慮後果的情況下，美軍越過了三八綫（南北朝鮮的分界綫）並進逼中國邊境，期望在聖誕節前統一朝鮮半島。但是，令麥克阿瑟吃驚的是，一天早上他們醒來，發現受到了 30 萬中國人的攻擊。中國部隊很快得到 50 萬人的增援，將美國人打回到三八綫，美國在那裏提出議和。[2]

---

1 1945 年，日本投降後，朝鮮半島以北緯 38 度綫為界，分別由蘇聯和美國軍隊佔領。當時南方和北方的民眾都掀起了民族主義運動，反對被“託管”，希望建立全半島統一的政權，受到蘇聯和美國的打擊與清理。在美蘇的各自支持下，1948 年 8 月朝鮮半島南部成立大韓民國，1948 年 9 月朝鮮半島北部成立朝鮮民主主義人民共和國。當時朝韓雙方都認為自己是朝鮮半島唯一的合法代表，對整個朝鮮半島擁有主權，不承認分裂。—— 譯者註

2 1950 年朝鮮戰爭爆發後，美國操縱聯合國安理會，在蘇聯代表缺席的情況下通過決議，組織以美軍為主的“聯合國軍”，並授意日本出兵。1950 年 6 月 26 日，美國總統杜魯門命令駐日本的美國遠東空軍協助韓國作戰，27 日命令美國第七艦隊駛入基隆、高雄兩個港口，在台灣海峽巡邏，阻止解放軍解放台灣。美國還派軍用飛機侵犯中國領空，轟炸和掃射中朝邊境地區，包括中國安東（今遼寧丹東）。美國海軍則破壞中國商船在公海的正常行駛，襲擊中國漁船。美軍於 9 月 15 日在仁川登陸後，於 10 月 7 日越過三八綫，大舉北犯，向中朝邊境進逼。10 月 8 日，中國共產黨中央政治局擴大會議最終決定介入朝鮮戰爭。10 月 19 日中國人民志願軍第 38 軍從輯安（今吉林集安）渡鴨綠江入朝作戰。1953 年 7 月 27 日，朝、中、美三方在板門店簽署《朝鮮停戰協定》及《關於停戰協定的臨時補充協議》的停火協議。—— 譯者註

為了説明經濟衝突將如何滑向軍事衝突，艾利森教授分析了美國對日本的經濟制裁以及由此導致的壓力是如何促成日本決定襲擊珍珠港的。

王輝耀：經濟衝突會導致熱戰嗎？

艾利森：20 世紀 30 年代末，為了懲罰日本對鄰國發動的軍事侵略，美國最初對日本實施了制裁，後來又禁止向日本出口高級廢鐵和航空燃料。當這些措施未能阻止日本的擴張時，華盛頓加大壓力，對鐵、黃銅和銅等基本原材料禁運。最後，在 1941 年 8 月 1 日，富蘭克林．D. 羅斯福宣佈美國將禁運所有運往日本的石油。日本 80% 的石油來自美國，而日本軍隊需要這些石油維持其在國內和“大東亞共榮圈”（the Greater Co-prosperity Area in Northeast Asia）的行動。日本面臨的選擇是，慢慢被拖死還是奮力一搏。儘管希望渺茫，日本政府選擇奮力一搏，發起一場“致命襲擊”——一個大膽的先發制人的攻擊，旨在摧毀駐紮在珍珠港的美國太平洋艦隊。正如這次襲擊的設計者山本五十六（Isoroku Yamamoto）上將告訴日本天皇的那樣：“在與美國和英國開戰的最初 6 個月到一年的時間裏，我將瘋狂發動攻擊，我將向您奉上不斷的勝利。”但他接著警告說：“如果戰爭拖延兩到三年，我沒有信心取得最終勝利。”[1]

---

1 Graham Allison. “Could Donald Trump’s War Against Huawei Trigger a Real War With China?.” *The National Interest*, June 11, 2020.

第四章

跨越陷阱的方法

歷史當然不是一本成熟的食譜。它通過類比，而不是格言來教導後人。歷史可以闡明在類似情況下行動的後果，但每一代人都必須自己發現哪些情況實際上是相似的。

——亨利・基辛格[1]

了解的歷史越久遠，看待未來才能越長遠。

——溫斯頓・丘吉爾（Winston Churchill）[2]

人們有時可以支配自己的命運：親愛的勃魯托斯，如果我們受制於人，那錯不在命運，而在我們自己。

——凱歇斯對勃魯托斯所言，出自《尤利烏斯・凱撒》（*Julius Caesar*），作者威廉・莎士比亞（William Shakespeare）

如果美國和中國要避免戰爭，那麼第一步就是要認識到“崛起”的中國相對“居於主導地位”的美國這一結構性現實所帶來的危險，無論雙方的意圖如何。艾利森教授的著作《注定一戰》以及他對修昔底德陷阱概念的發展和普及，為提醒華盛頓和北京的政策制定者注意這種脆弱性做出了重大貢獻。

---

1 Henry Kissinger, *The White House Years* (New York: Simon & Schuster, 2011; first published by Little Brown and Company in 1979).

2 Winston Churchill, 1874–1965, British Conservative statesman, Prime Minister 1940–5 and 1951–5, in *Oxford Essential Quotations*, 4th ed., https://www.oxfordre ference.com/display/10.1093/acref/9780191826719.001.0001/q-oro-ed4-00002969.

自《注定一戰》出版以來，艾利森教授一直在努力尋找跨越修昔底德陷阱和避免兩個大國爆發戰爭的方法。如同他用歷史來強調修昔底德陷阱的危險性一樣，艾利森教授再次從歷史中尋找如何防止戰爭的案例和靈感。

在《注定一戰》的最後一章中，艾利森教授已經概述了"通往和平的 12 個方法"，這些方法來自過去 500 年中崛起國和守成國成功跨過危險、避免戰爭的 4 個案例。此後，他擴大研究範圍，尋找我們可以借鑒的其他歷史案例，主張用"應用歷史學"（applied history）方法，向過去學習，以確保我們能夠避免錯誤，並為通向和平的未來繪製路綫圖。在尋找"跨越陷阱的方法"時，艾利森教授回顧了中國歷史、冷戰和其他時代，探索當前美國和中國政府可以參考並合作制訂 21 世紀的解決方案的思路，以應對兩國如今面臨的挑戰，並在一個"安全的多元化"世界中管理"競爭合作關係"。

1. 認識和接受結構性現實

王輝耀：要避免戰爭，美中應從何處著手？

艾利森：首先是承認我們面臨的風險。這是一位中國朋友說的。他說，我們為什麼不直接承認威脅來自這個修昔底德動態？

我們都面臨著一個形勢，一個結構性形勢 —— 中國正在崛起，並將繼續為自己的利益而崛起，這和美國無關。而美國將繼續試圖在國際秩序中保持領導地位，因為這個國際秩序讓 70 年內沒有爆發大國戰爭，這對世界是有益的，美國人認為這是他們的使命。我們承認這種競爭製造了一種脆弱性。讓我們把這當作是智力遊戲，並問問在一種新型大國關係中，我們如何才能管理這種脆弱性，以防止一些第三方行為挑釁我們進而導致戰爭。這意味著什麼？

首先，認識到我們正面臨系統性威脅。這種系統性威脅來自結構性現實，而不是任何一方的意圖。

其次，合作阻止危機。我們應採取聯合行動來預防危機。試問，台灣地區會如何做出將兩國拖入戰爭的事情？

最後，想想現在我們能提前做些什麼，以防止這種情況發生？試問，朝鮮問題將如何把美國和中國拖入戰爭？我們現在可以做些什麼來處理這個問題？南海問題將如何升級？我們現今可以做些什麼來處理這個問題？

基本上，要避免戰爭，就要確定引發戰爭的因素，做好危機預防，最後是進行危機管理，為危機發生做好準備。因為我們知道，即使我們盡力防止危機，但有些事情還是會發生。因此，當事情發生時，你希望有既定的、多層次的溝通渠道。你希望軍方之間能進行對話，以便能夠非常坦誠地交流。這些是管理一個局勢的 3 個要素。[1]

王輝耀：要跨越修昔底德陷阱，我們需要什麼心態？

---

1 Graham Allison, "How to Escape the Thucydides Trap" speech given at the 2019 Harvard Alumni China Public Policy Forum, Center for China and Globalization, Beijing, March 22, 2019.

艾利森：斯科特·菲茨傑拉德（Scott Fitzgerald）在 1936 年出版的文集《崩潰》（*The Crack-Up*）中寫到，檢驗一流智力的標準，就是看其頭腦中能否同時容納兩種相互矛盾的觀念而無礙於其行事。一種思想是，美中之間的競爭將是激烈的，因為雙方都決心盡自己所能成為最大的經濟體、最優越的經濟體，擁有最先進的人工智能、最強大的軍事力量，成為最大的貿易夥伴，等等。在奧運會上，兩國都爭取儘可能贏得更多金牌。這正是奧運精神。這是一方面。

另一方面，與此同時，與第一種思想有些矛盾的是，除非美國和中國能夠找到協調與合作應對氣候變化的方法，否則我們將製造出一個無人能夠居住的生物圈。除非美國和中國能夠找到合作的方式來確保第三方觸發因素（例如台海問題或朝鮮問題）不會失控，否則我們可能最終會陷入一場真正的全面戰爭，互相毀滅。今天，大多數人無法想象這意味著什麼，但在冷戰期間，我們曾經一邊查看襲擊目標地圖，一邊計算破壞效果。事實上，如果中美之間爆發全面核戰爭，那麼兩國都會從地圖上消失，不會再以國家的名義存在。這是不可想象的。沒有人能明白這一點，但這就是現有武器能夠造成的物理效果。因此，我們必須合作，以避免可能導致這種結果的一系列事件，並避免讓不受限制的溫室氣體排放將地球變得無法適合人類生存。

那麼，如何同時做這兩件事呢？又該如何在兩國錯綜複雜的政治環境中解釋這一點呢？美國人看著中國說：“上帝啊！中國怎麼能在所有這些方面與我們抗衡？我們記得中國過去是一個又窮、又落後的發展中國家。”而中國人審視在安克雷奇發生的事情（2021 年 3 月中美在此舉行高級戰略對話）或其他事件時，也有人在中國的社交媒體上說："夠了，我們不需要美國人再對我們指手畫腳。我們已經變得更強大，我們需要更加自信。" 所以，在管理好兩個大國的內政上，我認為習近平主席和拜登總統或許可以持有兩種相互矛盾的思想並正常工作，但在這種情況下，他們又如何管理好自己的政府和社會呢？這就是我一直在努力解決的問題。[1]

2. 應用歷史學的價值

王輝耀：什麼是"應用歷史學"，它如何幫我們避免戰爭？

艾利森：長期以來，歷史學一直被社會科學家貶低為一個提供虛假的確定性的"軟"學科。我們認為，現在是時候建立一門嶄新的、嚴謹的"應用歷史學"了，即通過分析先例和類似的歷史事件來解釋當前的挑戰和選擇的嘗試。[2]

應用歷史學會是一門新興學科，它試圖通過分析歷史先例和類似的歷史事件來解釋當前的困境和選擇。主流歷史學家總是從一個事件或一個時代入手，試圖說明發生了什麼和發生原因。應用歷史學家則從當前的選擇或困境開始，通過分析歷史記錄來提供看問題的視角，

1 Graham Allison, "Thucydides's Trap Revisited: Prospects for China-US relations," CCG Global Dialogue with Wang Huiyao and Li Chen April 6, 2021.

2 Graham Allison and Niall Ferguson. "Why the President Needs a Council of Historians." *The Atlantic*, September 2016.

激發想象力，找到未來可能會發生的事情的綫索，提出有針對性的干預措施，並評估可能產生的後果。在這個意義上，應用歷史學是一門"衍生學科：像工程學依賴於物理學，醫學依賴於生物化學一樣，依賴於主流歷史學。"[1]

在科學領域，實踐者和理論家之間是相互尊重的。相比之下，在政策領域，實踐者和學術派史學家之間往往相互輕視。應用歷史學可以嘗試彌補這一缺陷。[2]

在 2016 年為《大西洋》雜誌撰寫的一篇文章中，艾利森教授建議為美國總統創建一個"歷史學家委員會"。

王輝耀：美國總統如何利用應用歷史學來做出更明智的決定？

艾利森：對總統來說，僅僅邀請友好的歷史學家共進晚餐是不夠的，奧巴馬就曾這麼做過。像約翰・F. 肯尼迪（John F. Kennedy）任命阿瑟・M. 施萊辛格（Arthur M. Schlesinger Jr.）那樣，任命一位法庭歷史學家也是不夠的。我們敦促下一任總統成立一個白宮歷史顧問委員會。歷史學家們在卡特和里根總統執政期間向他們提出過類似的建議，但都沒有結果。歷史顧問委員會的運行模式應仿照"二戰"後

---

1 Graham Allison, *Destined for War: Can America and China Escape Thucydides's Trap?* Scribe Publications, 2017, p.217.

2 Graham Allison and Niall Ferguson. "Why the President Needs a Council of Historians." *The Atlantic*, September 2016.

成立的經濟顧問委員會。總統任命一位全職主席和兩個全職成員，他們承接總統的指令。委員會設有一個小型專業團隊，並成為總統行政辦公室的一部分。……如果現在有一個歷史顧問委員會，那它就可以分析歷史事件，為許多戰略問題提供參考。例如：隨著美國和中國在南海和東海的緊張局勢加劇，美國對日本、菲律賓和其他國家的承諾是否像 1839 年承認比利時中立地位的條約[1] 那樣對和平構成危險？（該條約在 1914 年成為英國和德國開戰的理由）。[2]

王輝耀：在如何使用應用歷史學方面，我們可以從亨利．基辛格那裏學到什麼？

艾利森：在追尋一個來自納粹德國的年輕人如何成為美國在世的最偉大的政治家的故事中，歷史學家尼爾．弗格森（Niall Ferguson）不僅發現了基辛格[3] 治國之道的精髓，還發現了現代美國外交中缺失的基因：對歷史的理解。……當一個學生問到希望從事像他這樣的職業的人應該學習什麼時，基辛格回答說："歷史和哲學"（大多數美

1 即《倫敦條約》，也叫作《1839 年公約》，於 1839 年的 4 月 19 日簽署。在此條約中，歐洲承認比利時的獨立與中立地位，並暗示當有入侵發生時，條約的簽署方須保護比利時的中立地位。——譯者註

2 Graham Allison and Niall Ferguson. "Why the President Needs a Council of Historians." *The Atlantic*, September 2016.

3 美國前國務卿、著名外交家、國際問題專家亨利．基辛格已於 2023 年 11 月 29 日逝世，享年 100 歲。1971 年，他作為美國總統特使秘密訪華，與中方攜手促成了 1972 年尼克松總統訪華，為中美關係正常化做出了歷史性貢獻。——譯者註

國公共政策學院中都沒有這兩門課）。

基辛格是如何為他在美國政府的第一個重要工作〔理查德・尼克松（Richard Nixon）總統的國家安全顧問〕做準備的？用他的話說就是"我帶著二十年來研究歷史所形成的哲學走進了辦公室"。……基辛格是如何運用歷史的？他既巧妙又謹慎，同時還認識到正確應用歷史需要想象力和判斷力。[1]

3. 重新定義中美關係

王輝耀：在跨越修昔底德陷阱上，中國歷史上有哪些案例可供借鑒？

艾利森：在公元 1005 年，宋朝發現自己不能打敗遼國——一個北方契丹部落，[2] 就與之簽訂了一些歷史學家所稱的澶淵之盟，雙方同意成為"競爭合作夥伴"。他們劃定了競爭領域，而在其他領域密切合作。事實上，這是一個非常特別的約定，因為儘管遼承認宋為正統（major dynasty），但宋要向遼納貢。[3] 遼要用收到的歲幣購買宋的

1 Graham Allison. "The Key to Henry Kissinger's Success." *The Atlantic*, November 27, 2015.

2 遼國由北方遊牧民族契丹族於 907 年建立。——譯者註

3 宋、遼約為兄弟之國，以雙方君主的年齡序齒。澶淵之盟簽訂時宋君主年紀比遼君主大，故為兄，以後仍按新一代君主年齡序齒。宋每年付給遼白銀 10 萬兩、絹 20 萬匹，合稱歲幣 30 萬，後來歲幣增加到 50 萬。傳統上認為宋是中原正統王朝，但近來也有歷史學家認為宋、遼、金都為正統。

商品。這創造了經濟學中乘數效應的早期版本。[1] 我知道一些中國人不喜歡這個條約，因為無論出於什麼原因，宋朝都沒有得到足夠的尊重。這是我對中國歷史的一點淺薄看法，對此我感到抱歉。但我的關注點是避免戰爭，因此無論如何，在我看來，澶淵之盟讓宋遼之間保持了 120 年的和平。[2] 我想說，在歷史上，一個讓處於激烈競爭中的當事雙方設法保持了 100 年和平的條約是一件相當不錯的事情。[3] 在概念上，宋遼之間的競爭夥伴關係借鑒了春秋時期更古老的中國智慧。軍事家孫子在《孫子兵法》中寫到敵對的吳國和越國時，"夫吳人與越人相惡也，當其同舟而濟，遇風，其相救也如左右手"。在需要合作求生的時候，即使是最致命的敵人也能變通。[4]

美國和中國的政治家們能否為競爭夥伴關係構建一個新的戰略理論依據，在這種關係中，兩國將同時競爭與合作？兩國將不可避免地在經濟生產和貿易、先進科技、軍事能力、結盟以及展示哪個政府最

1 榷場貿易是宋、遼約定的貿易市場。有觀點認為榷場貿易完全彌補了宋的歲幣損失，但也有說法稱，宋從與遼的榷場貿易中賺取的利潤只能彌補歲幣的 3/5 左右。—— 譯者註。

2 在澶淵之盟簽訂後，遼與西夏勾結，多次騷擾擄掠宋的邊境。遼趁著西夏與宋開戰，兩次要求宋割讓土地，宋都妥協了，並將歲幣從 30 萬增加到 50 萬。在與西夏戰敗後，宋也向西夏送歲幣，花錢買和平。在這 120 年的"和平"時期裏，遼內部統治者相互爭權奪利，無力大舉南侵，但小股搶掠仍然時有發生；而宋軍力不斷下降，在表面繁榮的掩蓋下，武備廢弛，終於在靖康之難（取代遼的金對宋發動的戰役）後徹底退出中原，退守南方，史稱南宋。在南宋與金的對峙時期，南宋向金送歲幣。在蒙古滅金之後，南宋欲花錢買和平而不可得，最終為蒙古所滅。—— 譯者註。

3 Graham Allison, "Thucydides's Trap Revisited: Prospects for China-US relations," CCG Global Dialogue with Wang Huiyao and Li Chen April 6, 2021.

4 Graham Allison. "US-China ties: Averting the grandest collision of all." *The Straits Times*, March 20, 2023.

能滿足公民需求方面展開激烈的競爭。但與此同時，在其他領域，如果沒有認真合作，那麼雙方都無法確保其最重要的國家生存利益。這些挑戰不僅包括避免戰爭，特別是核戰爭，還包括應對氣候變化以維持一個人類可以生存的生物圈，防止特大恐怖主義的手段和動機的蔓延，遏制大流行病，管理全球金融危機以避免大蕭條以及其政治後果。因此，雖然激烈的競爭是不可避免的，但如果殘酷的事實是，雙方在殺死對方的同時不能避免自毀，那麼激烈的競爭就成為一種戰略需要。[1]

王輝耀：美國歷史上有哪些可供借鑒的模式或靈感？

艾利森：如果中美真的注定要共存，那麼兩國除了找到管理這些分歧的方法之外別無選擇。在他們探索方法時，我建議他們可以從約翰·F. 肯尼迪總統在度過有史以來最危險的危機（1962 年古巴導彈危機）後得出的見解中找到靈感。肯尼迪和赫魯曉夫（Khrushchev）置身於一場對抗中，肯尼迪認為這場對抗有 1/3 的機會以核戰爭終結，這將導致數億人死亡。這一經歷讓他清醒了，他開始認真尋找一個更好的解決辦法。8 個月後，就在他被暗殺之前，他在職業生涯中關於國際事務最重要的一次演講中提出，此後，美蘇關係的目標應該

---

1 Graham Allison. "Could the United States and China Be Rivalry Partners?." *The National Interest*, July 7, 2019.

是建立一個“安全的多元化世界”。[1]

王輝耀：肯尼迪所說的一個“安全的多元化世界”是什麼意思？

艾利森：肯尼迪明白，這將意味著改變美國的思維方式，改變對其“最致命”對手的行為目的。在一場偉大的演講中，他推翻了美國前總統伍德羅·威爾遜（Woodrow Wilson）建立一個“安全的民主世界”的呼籲。更重要的是，他放棄了自己曾大力倡導的類似的冷戰思維。他主張，與其要求美國埋葬蘇聯，美國更應該在一個有著截然相反的價值觀和意識形態的多元政治制度的世界中生存並允許其他不同制度共存。未來，兩個對手可以展開激烈的競爭（但只能是和平的競爭）以證明誰的價值觀和治理體系最能夠滿足公民的需求。[2]

王輝耀：肯尼迪最初是一個堅強、堅定的“冷戰戰士”，為什麼會徹底轉變立場？

艾利森：因為他親身經歷了真實存在的核危險。他真的相信，他與蘇聯領導人尼基塔·赫魯曉夫的直接對峙可能會以核戰終結。在活下來之後，他在感謝致辭中發誓，此後將盡其所能，確保他和他的任

---

1 Qingqing Chen and Yunyi Bai, “Compete and Coexist: US, China could develop new concept of relationship between great nations, Graham Allison says,”*Global Times*, December 13, 2020, https://www.globaltimes.cn/page/202012/1209820.shtml.

2 Graham Allison. “JFK’S Clue for U.S.-China Relations.” *China Daily*, December 17, 2018.

何繼任者都不必再這樣做。他將這一深刻的洞見銘記在心。羅納德·里根（Ronald Reagan）後來用他最喜歡的一句話精準地詮釋了這一洞見："沒人能贏得核戰爭，因此絕不能打。"[1]

王輝耀：肯尼迪的見解對今天的美中關係有什麼借鑒意義？

艾利森：肯尼迪表示："歸根結底，我們都居住在這個小小的星球上。我們都呼吸著同樣的空氣。我們都珍視我們孩子的未來。我們都是凡人。"因此，他總結道，在絕不"對我們的分歧視而不見的同時，讓我們也關注我們的共同利益，關注可以解決這些分歧的方法。如果我們現在不能結束分歧，至少我們可以使世界包容多元化。"

這是一種深刻的思想。它實際上要求双方同時接受兩種幾乎相互矛盾的主張。但在隨後的幾十年裏，美蘇這兩個政治理念根本不相容的國家在進行激烈但和平的競爭中找到了避免軍事對抗的方法。

考察肯尼迪的思想和中國前總理周恩來提出並寫入《中華人民共和國憲法》的和平共處五項原則（互相尊重主權和領土完整、互不侵犯、互不干涉內政、平等互利、和平共處）之間的相似性是很有意義的。習近平主席申明，這些基本原則"是中國外交政策的基石"。

綜上所述，這兩種思想可以為中美兩國領導人共同制定新的戰略方針提供參考。這個戰略方針將修昔底德式競爭導引向一種新的和平

---

1 Graham Allison. "Could the United States and China Be Rivalry Partners?." *The National Interest*, July 7, 2019.

競爭形式，以維護兩國的重要國家利益，防止兩國陷入一場可能摧毀他們最珍視的東西的戰爭。[1]

王輝耀：中國的"新型大國關係理論"能夠找到跨越修昔底德陷阱的方法嗎？

艾利森：習近平主席常說，要想應對中美兩國之間的挑戰，最好的辦法是建立一種新型大國關係。如果我們成功建立一種新型大國關係，就可以避免修昔底德陷阱。正如一個直接為習近平主席工作的人對我說的那樣："你認為習近平主席為什麼要談新型大國關係？舊的模式存在什麼問題？"他說，原因是我們知道在舊的關係模式裏，幾個世紀以來許多不同國家走向衝突，且往往是災難性的衝突，而我們並不希望美中關係也走上這樣一條路。因此，為了防止這種情況發生，我們需要建立新型大國關係。[2]

我在中國提出這一建議後不久寫了相關文章，我在文章中指出："如果這意味著美國和中國將在這一旗幟下共同努力，確定新型大國關係的內容，我贊同這一概念。"我在北京時，一位中國朋友向我解釋：中國為什麼要呼籲建立一種新型大國關係？他解釋道：因為習近平主席明白，過往的大國競爭模式常常導致戰爭。他繼續指出，

1 Graham Allison. "JFK'S Clue for U.S.-China Relations." *China Daily*, December 17, 2018.

2 Graham Allison, "How to Escape the Thucydides Trap" speech given at the 2019 Harvard Alumni China Public Policy Forum, Center for China and Globalization, Beijing, March 22, 2019.

習近平主席之所以經常談及修昔底德陷阱（特別是避免陷阱的必要性）是因為他研究過歷史。事實上，中國的領導層已經對我在《注定一戰》一書中分析的案例進行了自己的研究。他們了解當一個崛起的大國威脅到一個守成大國的主導地位時通常會發生什麼。他說，這正是中國呼籲建立“新型大國關係”的原因。[1]

王輝耀：美中兩國如何藉助共同利益來重新定義雙邊關係？

艾利森：在構建新型大國關係概念時，習近平主席和拜登總統可以從里根總統在冷戰最後幾年向蘇聯總統戈爾巴喬夫（Gorbachev）提出的建議中找到靈感。在一次只有里根總統和戈爾巴喬夫總統及他們的翻譯在場的私人散步中，里根提出了一個問題：如果地球被敵對的火星人入侵，蘇聯和美國將如何應對？起初，蘇聯一方的翻譯誤解了里根的意思，他的翻譯引起了人們的注意：里根是在告訴戈爾巴喬夫，火星人剛剛入侵地球嗎？在疑惑被澄清後，里根又問了這個問題。他的目的是強調原本敵對的致命對手也有著共同的核心利益。

今天再來問一問里根的問題：美國和中國今天是否面臨著類似外星人入侵的威脅——挑戰如此嚴峻，以至於雙方不得不合作？我們不必費多大力氣就能得到肯定的答案。五個“巨型威脅”懸在所有人

1 Qingqing Chen and Yunyi Bai, “Compete and Coexist: US, China could develop new concept of relationship between great nations, Graham Allison says,”*Global Times*, December 13, 2020, https://www.globaltimes.cn/page/202012/1209820.shtml.

頭頂：核末日、核無政府狀態、全球恐怖主義、氣候異常和大流行病。面對每一個威脅，兩個大國都有著一致的國家利益，其重要程度遠遠超過造成它們分裂的國家利益。

為了應對這些挑戰，兩國政府都必須制定一項戰略，以通過菲茨傑拉德定義的對一流頭腦的考驗。用菲茨傑拉德的話說，這就是“一個人在頭腦中同時持有兩個相互矛盾的想法而無礙於其行事。”對美國來說，中國既是美國有史以來最嚴峻的競爭對手，也是美國必須找到共存方式以避免一起滅亡的國家。[1]

王輝耀：可以採取哪些具體步驟來開始重新定義雙邊關係？

艾利森：我認為，《上海公報》為美中關係確定了一些基本原則。這些原則很大程度上是對《聯合國憲章》原則的重申，中國不斷強調這些原則，這些原則也值得被強調。它們是互相尊重主權、獨立、領土完整，不干涉他國內政。這些都是《聯合國憲章》規定的原則，它們在《上海公報》中得到了反映。就中美關係而言，增加的最重要的一條是主張世界上只有一個中國，台灣海峽兩岸的各方都同意這個主張，最後，兩國關係正常化，北京是中國的首都。我認為困難在於，幾十年過去了，中國的情況發生了變化，台灣地區的情況也發

---

1 Qingqing Chen and Yunyi Bai, “Compete and Coexist: US, China could develop new concept of relationship between great nations, Graham Allison says,” *Global Times*, December 13, 2020, https://www.globaltimes.cn/content/1209820.shtml.

生了變化，美國和世界的情況也在一定程度上發生了變化。我認為僅僅重申《上海公報》的內容是不夠的，還要努力考慮到中國（包括台灣地區）和美國的新現實。[1]

王輝耀：美中兩國之間真的有可能在競爭的同時合作嗎？

艾利森：國家之間既可以無情地競爭，同時又可以緊密地合作，這在外交官看來可能是矛盾的，但在商業領域卻是司空見慣的。[2]

例如，蘋果和三星在智能手機銷售上是競爭對手，實際上，三星目前的智能手機銷量已經超過了蘋果。但是，三星也是蘋果最大的供應商。因此，他們在某些方面是合作夥伴，同時也是競爭對手。[3]

管理一種同時具有競爭與合作兩種性質的關係需要警惕性、判斷力和靈活的適應性。但是，如果像我們認為的證據顯示的那樣，小小地球上的科技留給美國和中國兩個（而且只有兩個）選擇，那麼我們相信它們可以找到共存的方法，無論這令它們多麼不適，因為另一個選擇是相互毀滅。[4]

---

1 Graham Allison, "The Future of Great Power Relations: How can the US and China Co-Exist?" CCG Global Dialogue with Wang Huiyao, March 3, 2022.

2 Graham Allison and Eric Schmidt. "Is China Beating the U.S. to AI Supremacy?." Paper, August 2020.

3 Graham Allison, "How to Escape the Thucydides Trap" speech given at the 2019 Harvard Alumni China Public Policy Forum, Center for China and Globalization, Beijing, March 22, 2019.

4 Graham Allison and Eric Schmidt. "Is China Beating the U.S. to AI Supremacy?." Paper, August 2020.

在一個不同政治制度可以和平競爭的安全世界裏，競爭夥伴關係能否成為管理今天中美之間危險動態的新型戰略方針的起點？競爭，尤其是激烈的競爭，是不可避免的。但如果殘酷的事實是，雙方在殺死對方的同時會導致自毀，那麼緊密的合作就是一種戰略需要。創建一個結合競爭與合作的宏大戰略需要遠超目前傳統觀念的戰略想象力，就像冷戰戰略一樣。我們可以從肯尼迪和宋朝的例子中藉鑒經驗，以完成這項偉大的事業。[1]

4. 冷戰中可供借鑒的經驗

艾利森教授是研究冷戰時期決策機制方面的重要權威，他在1971年出版了《決策的本質：還原古巴導彈危機的真相》（*Essence of Decision: Explaining the Cuban Missile Crisis*）一書。在這一歷史性學術研究的基礎上，除了肯尼迪關於需要建立一個“安全的多元化世界”的見解外，艾利森教授還提出了其他適用於今天中美關係的冷戰時期的實用經驗。在2021年與李晨主任和我的對話中，他討論了一些冷戰經驗，並在幾篇文章中進行了闡述。

冷戰的源起

艾利森：冷戰的起源是，人們認為兩種制度體系本質上是不相容的，只會互相摧毀，這通常會導致戰爭。但最初，由於美國和蘇聯都

1 Graham Allison. “Could the United States and China Be Rivalry Partners?.” *The National Interest*, July 7, 2019.

在“二戰”中筋疲力盡，而雙方最後又都掌握了核武庫，因此雙方認為戰爭不可行。那麼，打一場不出動士兵和熱兵器的“戰爭”怎麼樣？在所謂的冷戰中，起初，雙方採取一系列手段遏制對方，一些手段是隱性的，一些是顯性的。然後，我們終於發現雙方不僅需要協調和約束行為，也需要非常迅速地溝通甚至合作，以防止事情失控。我認為，儘管當前美中之間的競爭與冷戰非常不同，但從這一系列經驗中汲取的教訓仍然很有啟發性。[1]

構建和維護溝通渠道

艾利森：即使在冷戰最致命的時期，我們也渴望領導人之間進行深入的對話和交流。里根經常因為希望與蘇聯領導人花那麼多時間溝通而被他保守的共和黨同事批評。他說與蘇聯領導人溝通非常重要，因為核戰爭沒有贏家，因此絕不能打。他熱衷於與蘇聯領導人談判，甚至達成軍備控制協議，其中美國將放棄一些想做的事情，以換取蘇聯放棄我們不希望他們做的事情。

上述每一種情況下都存在信任問題，因此人們只會就可以獨立驗證的事情達成一致。但隨著時間的推移，冷戰在一定程度上穩定下來，並可以避免許多可能失控的潛在危機——柏林危機和古巴導彈危機差點就失控了。我認為，在中美之間的競爭中，我們沒有理由不去吸取教訓、總結經驗，包括多層次溝通和深入交流的必要性，危機

1 Graham Allison, “Thucydides’s Trap Revisited: Prospects for China-US relations,” CCG Global Dialogue with Wang Huiyao and Li Chen April 6, 2021.

管控程序，甚至是危機預防程序。[1]

通過一系列舉措，肯尼迪政府在華盛頓和莫斯科之間建立了一條熱綫，“以避免在危機出現時雙方出現危險的拖延、誤解和對對方行動的誤讀”。[2]

限制特定武器的部署

艾利森：美國宣佈單方面暫停核武器的大氣層試驗，啟動談判並在一年內達成《部分禁止核試驗條約》（Limited Test Ban Treaty）；開始談判、最終達成《核不擴散條約》（Nuclear Nonproliferation Treaty），減緩了有核國家的增加。[3]

制定“競爭規則”

艾利森：美蘇雙方還進一步澄清並擴大了肯尼迪稱之為“不穩定的現狀規則”，包括：不使用核武器，身著制服的美蘇戰鬥人員不向對方開槍或發射炸彈，以及不得在對手的勢力範圍內製造意外。在這些規則限制下，雙方將繼續在其他各個方面進行激烈競爭，包括展示哪個社會的價值觀和政府體系能更好地實現目標。[4]

---

1 Graham Allison, “Thucydides’s Trap Revisited: Prospects for China-US relations,” CCG Global Dialogue with Wang Huiyao and Li Chen April 6, 2021.

2 Graham Allison. “Could the United States and China Be Rivalry Partners?.” *The National Interest*, July 7, 2019.

3 Graham Allison. “Could the United States and China Be Rivalry Partners?.” *The National Interest*, July 7, 2019.

4 Graham Allison. “Could the United States and China Be Rivalry Partners?.” *The National Interest*, July 7, 2019.

美國和中國將不得不制定自己的競爭規則，以跨越修昔底德陷阱。這些規則需要滿足雙方的核心利益，在衝突和安撫之間找到一條路。對感知到的威脅做出過度反應將是一個錯誤，但忽視或掩蓋不可接受的不當行為、希望其不再發生也是錯誤的。1996 年，台灣當局採取了一些中國政府認為具有挑釁性的措施，之後中國大陸在台灣地區上空發射了一系列導彈，促使美國派出的兩個航母戰鬥群進入戰鬥狀態。最終的結果是雙方對對方在台灣問題上的紅綫有了更清楚的認知，並使該地區更加平靜。隨著中國經濟的持續崛起和軍事實力增強，以及對外態度更加強硬，中國的地位與以往不同，兩國之間可能需要更多這樣的澄清來管理不穩定的過渡階段。[1]

合作進行危機預防和危機管控

艾利森：中美雙方在危機預防方面採取聯合行動。我們先問一問：台灣問題將會怎樣把我們捲入戰爭？然後考慮，現在我們能提前做些什麼，以防止這種情況發生？問一問：朝鮮問題將如何把美國和中國捲入戰爭？我們現在可以做些什麼來處理這個問題？南海問題將會如何升級？我們現今可以做些什麼來應對這個問題？基本上，要避免戰爭，就要確定引發戰爭的因素，做好危機預防，最後進行危機管理，為危機發生做好準備。因為我們知道，即使我們盡力防止危機，但有些事情還是會發生。因此，當事情發生時，你希望有既定的、多

---

1 Graham Allison. "The Cuban Missile Crisis at 50." *Foreign Affairs*, July/August 2012. https://www.foreignaffairs.com/articles/cuba/2012-07-01/cuban-missile-crisis-50.

層次的溝通渠道。你希望軍方之間能進行對話，以便能夠非常坦誠地交流。這些是管理一個局勢的三個要素。[1]

認識到歷史上將大國捲入不必要的戰爭的事件或事故帶來的真實風險，讓人們重視危機預防和危機管理。作為曾經深度參與冷戰的人，拜登熟悉這幾十年來形成的最佳做法。首先是合作確定潛在的危機，進行桌面演習以探尋應對措施，制定防止自動升級的斷路器，以及最重要的是，建立健全的溝通渠道。[2]

給領導人充分的時間和空間進行重大決策

艾利森：來自古巴導彈危機的另一個經驗與政策無關，而與程序有關。除非總司令有足夠的時間和空間來了解情況、審查證據、探尋各種選擇並仔細斟酌，否則很可能做出錯誤的決定。1962 年，在被告知發現導彈後，肯尼迪問的第一個問題是：這事兒還能保密多久？他的國家安全顧問麥克喬治．邦迪（McGeorge Bundy）認為最多一週。根據這一建議，肯尼迪花了 6 天時間秘密考慮，不止一次改變主意。正如他事後指出的那樣，如果他被迫在最初的 48 小時內做出決定，他將選擇空襲而不是海上封鎖 —— 這可能會導致核戰爭。

在今天的華盛頓，肯尼迪的一週秘密審議會被視為舊時代的遺

---

1 Graham Allison, "How to Escape the Thucydides Trap" speech given at the 2019 Harvard Alumni China Public Policy Forum, Center for China and Globalization, Beijing, March 22, 2019, https://www.chinausfocus.com/foreign-policy/escaping-the-thucydides-trap.

2 Wenwen Wang, "Biden presidency will not be a third Obama term administration: Graham Allison,"*Global Times*, November 23, 2020, https://www.globaltimes.cn/content/1207739.shtml.

物。炙手可熱的秘密的半衰期甚至不是以天計算，而是以小時計算。奧巴馬在上任第一年就痛苦地了解到這一點，當時他發現政府對阿富汗政策的審議是公開的，這讓他在做出選擇甚至是在考慮非常規選項方面失去了很多靈活性。這一經歷促使他要求由一名新的國家安全顧問領導一個新的國家安全決策程序。修改程序的成果之一是通過前所未有地縮小內部決策圈，對信息流動進行了更嚴格的控制。[1]

艾利森教授在同一篇文章中指出，今天，領導人面臨著巨大的壓力，要為一系列令人生畏的挑戰找到創造性的解決方案。在這種情況下，疲憊當然無濟於事。比爾・克林頓認識到了這一點，他曾經説過："我一生中所犯的每個重要錯誤，都是因為我太累了。" 艾利森教授提醒我們，要避免高層倦怠導致的危險。

王輝耀：如何避免高層倦怠導致的危險？

艾利森：給充電、加油和反思創造必需的時間和空間，對人類操作系統的優化運行至關重要。這不是一個系統性錯誤，而是一個強大的功能——今天的領導者應該充分利用這一功能。[2]

---

1 Graham Allison. "The Cuban Missile Crisis at 50." *Foreign Affairs*, July/August 2012.

2 Graham Allison. "The Cuban Missile Crisis at 50." *Foreign Affairs*, July/August 2012.

後記——超越修昔底德陷阱

溫故而知新，可以為師矣。

——孔子，《論語》

在中美關係中，我們還應該注意哪些陷阱？

修昔底德陷阱已經成為中美關係理論中最知名的“陷阱”，不過學者們也提出了其他我們應該注意的陷阱，以免我們過於關注大國之間的直接戰爭風險而忽視了其他風險。

例如，提出“軟實力”概念的約瑟夫·奈是艾利森教授在哈佛大學的同事，他認為，與大國之間的暴力衝突相比，權力平衡變化帶來的更大危險可能是“金德爾伯格陷阱”。[1] 這個概念是以馬歇爾計劃的主要設計師之一查爾斯·金德爾伯格（Charles Kindleberger）命名的。他認為，20 世紀 30 年代發生的災難是由於美國在取代英國成為

1 Joseph Nye, “The Kindleberger Trap,”*Project Syndicate*, January 9, 2017.

世界主導力量後沒有站出來提供全球公共產品造成的。

如今，美國實力的相對下降和自特朗普總統時期開始轉向孤立主義，減少了全球公共產品的供給。在此背景下，中國加快步伐、在全球治理中發揮更重要的作用，在多邊機構中發揮更大的作用，並自主發起倡議來推動全球發展，如“一帶一路”倡議和亞洲基礎設施投資銀行。然而，這些努力在美國等國家遇到了阻力。根據金德爾伯格陷阱理論，在美國和中國的權力過渡和競爭中的突出風險是，大國不會採取行動來提供重要的全球公共產品，如穩定的氣候或金融。

學者們提出的另一個“陷阱”是“丘吉爾陷阱”。楊原[1] 認為，修昔底德陷阱誇大了崛起大國與守成大國在當代爆發戰爭的風險。相反，楊原認為，落入“丘吉爾陷阱”的危險更大，因此應該更嚴肅地對待。[2] 楊原所說的“丘吉爾陷阱”是指重蹈美蘇冷戰時期的覆轍，其導致超級大國之間的長期對抗，並將國際體系劃分為兩極體系。

楊原認為，在核武器時代，防止全面戰爭的共同願望將在超級大國之間佔上風，這使得丘吉爾陷阱成為我們應該考慮的更重要的相關陷阱。楊原還認為，即使中國和美國跨越了修昔底德陷阱，隨之而來的也只是陷入了丘吉爾陷阱，除非能夠構建一種與通過戰爭或長期冷戰式對抗實現霸權過渡的不同的大國關係。

---

1 楊原，中國社科院世界經濟與政治研究所研究員。——譯者註。

2 Yuan Yang, “Escape both the ‘Thucydides Trap’ and the ‘Churchill Trap’: Finding a Third Type of Great Power Relations under the Bipolar System, *The Chinese Journal of International Politics*,11,no.2 (Summer2018): 193-235.

修昔底德濫觴？中國歷史上的其他案例

早在艾利森教授提出“修昔底德陷阱”概念之前，許多西方戰略思想家就已將伯羅奔尼撒戰爭作為理解當代事件的一個歷史參照。1947 年，喬治・馬歇爾（George Marshall）曾說：“我很懷疑，如果一個人沒有在頭腦中至少回顧一下伯羅奔尼撒戰爭和雅典陷落，那麼他是否具有充分的智慧和深刻的信念來思考今天的某些基本國際問題。”在美蘇之間的長期對峙中，修昔底德理論一直是華盛頓重要的思想試金石，在冷戰結束後，修昔底德理論又因各種不同的原因被重新提起，以支持各種不同的論點。[1] 修昔底德理論對一些西方思想家的戰略想象力的持續影響使約瑟夫・萊恩（Joseph Lane）指出：“每當發生一場新的戰爭，就會有新的修昔底德理論。”[2]

雖然修昔底德的見解對理解中美競爭是一個寶貴的貢獻，但許多學者認為我們不應過度依賴一個古希臘思想家的學說，並懷疑他的古代歐洲中心主義和地中海中心主義的國際關係模式是否真的是理解 21 世紀中美關係的最佳模式。2015 年，《中國日報》（*China Daily*）發表題為“修昔底德陷阱並非宿命”（Thucydides Trap Not Etched in Stone）的文章，呼籲中國學者不要依賴修昔底德陷阱，而是從中國

---

1 例如 Victor Davis Hanson, “A Voice from the Past: General Thucydides Speaks about the War,” in *National Review Online*, 27 November 2001, reproduced in Victor Davis Hanson, *An Autumn of War: What America Learned from September 11 and the War on Terrorism* (New York: Anchor Books, 2002) 。

2 Joseph. H. Lane, Jr., “Thucydides Beyond the Cold War: The Recurrence of Relevance in the Classical Historians,”*Poroi* 4, no. 2 (2005): 52-90.

悠久的歷史中尋找一個概念或理論來描述未來的中美關係，同時著重強調新型大國關係。[1]

本書第四章提到，艾利森教授還研究了中國和其他非西方地區的歷史，來尋找如何跨越修昔底德陷阱的思路，他認為宋朝和遼國同意成為“競爭夥伴”的“澶淵之盟”有借鑒意義。

艾利森教授呼籲用應用歷史學來指導當下，進行合理和務實的決策，本著這種精神，中國學者也應該努力找出合適的歷史案例，總結出其對今天中美關係的政策意義。通過研究我們遙遠的祖先的過去（包括成功和失敗），我們可能會得到一些啟示，有助於打造一條新的、更和平的前進道路。雖然深入地探討這一問題超出了本書的範圍，但我想簡要地提及幾個可能值得進一步探討或可供思考的例子。

《左傳》中的晉楚之爭

中國春秋時期的著作《左傳》堪與《伯羅奔尼撒戰爭史》媲美，作者也恰好與修昔底德大致處於相同年代。《左傳》是中國最古老的歷史文獻之一，記述了公元前 722 年至公元前 468 年周朝的衰落。

《左傳》中記載了統治者、官員和將軍的複雜經歷，其中一段情節與今天的中美關係有些相似，那就是大約發生在公元前 632 年的晉國和楚國爭奪霸權的長期競爭。雖然這個類比有很多缺陷，但在某些方面，晉楚爭霸可以為我們理解當前的中美關係提供一點思路，而且

---

1 Feng Zhang et al., “Thucydides Trap not etched in stone,” *China Daily*, August 20, 2015, http://www.chinadaily.com.cn/opinion/2015-08/20/content_21655686.htm.

在某些方面它也許比古希臘的雅典和斯巴達之間的爭霸更合適。

《左傳》中的記載突出了晉國和楚國在試圖駕馭一個它們既不想破壞也不想推翻的多國體系時所面臨的多方面挑戰。春秋時期，周天子的權力和權威衰微，中央對各諸侯國的控制力度很小，導致各諸侯國之間的緊張局勢和競爭幾乎持續不斷。這個體系表現出一些類似於多極化的特徵，比如幾十個國家爭奪權力和生存，實行權力平衡的政治，晉國和楚國是其中最強大的兩個國家。

當楚國在上升期時，晉國已是一個更成熟的大國，它地處黃河以北，居於周朝分封體系的核心位置，已經建立起自己的影響力。楚國位於長江以南，在這個已經成型的體系中是一個外來者。然而，隨著楚國的發展和更加強大，它接受了許多周朝的管理規範，其他諸侯國開始將其視為既定秩序的支持者和周朝合法性的合法捍衛者。這個體系有強烈的動機去維護那些在舊日周朝統治傳統下緩和國家行為的規則和規範，這些規則和規範傾向於保持諸侯國間一定程度的合作和共存，並限制戰爭的規模。

約翰・沙利文（John Sullivan）指出，這種情形與當代地緣政治有一些相似之處。[1] 晉國在某種程度上與美國類似，在塑造和領導現有體系方面發揮了關鍵作用，不想自己在等級制度中的主導地位被取代。同樣，楚國與中國之間也可以看到一些相似之處，中國最初遊離

1 John Sullivan, "Trapped By Thucydides? Updating The Strategic Canon For A Sinocentric Era,"*War On The Rocks*, December 28, 2020, https://warontherocks.com/2020/12/trapped-by-thucydides-updating-the-strategic-canon-for-a-sinocentric-era/.

在國際體系之外，但隨著中國的發展，中國逐漸融入國際體系，採用全球規範，然後幫助塑造和修改這個體系。

在這場競爭中，晉國和楚國的實力都不足以消滅對手，但他們也不希望對方獲得足夠的優勢、能夠團結其他國家來威脅自己的生存。這更像是一場爭奪其他國家擁護的較量，而不是生存競爭。這有點兒像冷戰，除了這一時期的三次重大戰役外，兩個大國之間的直接戰爭相當有限，往往集中在試圖保護不太強大的盟友和贏得他們的擁護上，而沒有冒險全面進攻對手的本土。就像冷戰時期的美國和蘇聯一樣，即使在局勢緊張的時期，晉國和楚國也試圖保持外交關係，並試圖找到緩解衝突的方法。

"荀子突破"

荀子是生活在戰國晚期的儒家哲學家。針對人的自私本性，他主張一套精心設計的禮儀或行動有助於避免衝突、促進合作。這一理論對於引導中國和美國走向可持續的合作很有意義，因此，張峰[1]教授建議，"荀子突破"這一術語可以作為修昔底德陷阱這一概念的中國替代。[2]

宋朝

中國歷史上的所有朝代對當前時代的地緣政治都有借鑒意義，但兩個原因讓宋朝更加突出。第一個原因是，宋朝通過 1005 年締結的

---

1 曾任澳大利亞國立大學貝爾亞太事務學院國際關係學係研究員。——譯者註

2 Feng Zhang et al., "Thucydides Trap Not Etched in Stone,"*China Daily*, August 20, 2015, http://www.chinadaily.com.cn/opinion/2015-08/20/content_21655686.htm.

“澶淵之盟”與他們的對手遼國保持了長期的和平。在 2021 年 3 月的《CCG 對話全球》視頻節目中，我與艾利森教授討論了這一點，根據該條約，宋朝和遼國同意成為“競爭夥伴”，雙方在某些方面展開競爭，也以榷場貿易的形式進行經濟合作。

宋朝的另一個可以借鑒之處是，在這一時期中國通過貿易與世界其他地區聯繫在一起，可以說是全球化的早期形式。事實上，我與耶魯大學歷史學家韓森（Valerie Hansen）在《CCG 對話全球》視頻節目中談到宋朝是當時世界上全球化程度最高的地方。宋朝的經驗表明，和平與穩定對於全球化產生繁榮是多麼重要，而貿易可以成為將人們聯繫在一起的紐帶，獲取商業利益可以成為團結人們的共同點。

“絲銀之路”而不是修昔底德陷阱

彼得・戈登（Peter Gordon）和胡安・何塞・莫拉萊斯（Juan José Morales）在他們的著作《絲銀之路》（*The Silver Way*）中建議研究 16、17 世紀中國和西班牙之間的關係。[1] 當時，在全球尤其是在亞洲層面，中國是佔主導地位的國家，而西班牙是一個正在崛起的國家，在 1565 年至 1571 年間，西班牙在馬尼拉建立了殖民地。這次相遇產生了“絲銀之路”（Ruta de la Plata）[2] ——當時中國和西班牙的美洲殖民地發生了密集的貿易往來，貿易路綫橫跨四大洲，通過白銀這一

1 Peter Gordon and Juan José Morales: *The Silver Way: China, Spanish America and the Birth of Globalization, 1565–1815* (London:Penguin China 2017).

2 從明代中後期到清代中期，西班牙人與中國人貿易，用白銀換取中國的絲綢、瓷器。——譯者註

媒介聯繫起來。這個貿易和經濟合作網絡預示了持續至今的全球化和相互聯繫。

戈登和莫拉萊斯指出，與似乎限定了二元結果（戰爭或沒有戰爭）的修昔底德陷阱相比，這一時期的絲銀之路提供了第三種可能性：一個持續的合作和全球化進程，既不會導致趨同，也不會導致武裝衝突。雙方聯繫緊密，但又各成一體。雙方處於一種平衡狀態而不是你死我活，儘管這種平衡狀態仍然受制於不確定性、破壞性和周期性的誤解。[1]

回顧過去，展望未來

前文簡略提到的案例只是從中國和其他文明的歷史寶庫中挖掘出的一小部分，這些案例可以為如何讓中美關係健康與和平發展提供綫索。雖然中國和美國陷入"修昔底德陷阱"的風險很大，但我認為，如果雙方能夠管控好競爭、同時在共同利益上強調協調、對話與合作，陷阱是可以避免的。為了實現這一目標，我們需要採取務實和理性的方法，從雙贏而不是零和的角度來理解和討論中美關係。在這個意義上，我希望本書所分享的觀點能夠提供一些思考的素材和進一步探索跨越修昔底德陷阱的方案的思路，這代表著我們朝著正確的方向邁出了一小步。

---

1 Peter Gordon and Juan José Morales, "The 'Silver Way': An Alternative to 'Thucydides Trap'," *The Diplomat*, June 19, 2017,https://thediplomat.com/2017/06/the-silver-way-an-alternative-to-thucydides-trap/.

關於全球化智庫（CCG）

全球化智庫（Center for China and Globalization，CCG），是一家中國社會化智庫，總部設在北京。作為一家非政府組織，CCG 獲得聯合國"特別諮商地位"。在美國賓夕法尼亞大學《全球智庫報告 2020》中，CCG 位列全球頂級智庫百強榜第 64 位，進入全球獨立智庫 50 強行列。CCG 還被北京市政府民政部門認定為"4A 級民間組織"。

全球化智庫（CCG）是中國領先的國際化社會智庫，成立於 2008 年，在國內外有多個分支機構和海外代表，擁有全職智庫研究和專業人員百餘人，致力於全球化、全球治理、國際經貿、國際關係與全球移民研究。CCG 擁有國家授予博士後科研工作站，並擁有獨立招收博士後的資質。

CCG 在注重自身研究人員培養的同時，打造了由海內外傑出專家學者組成的國際研究網絡，持續以國際化的研究視野，在中國與全球化發展相關研究領域開展領先研究。CCG 每年出版 10 餘部中英文專著，並研究撰寫和發佈系列研究報告。CCG 公開向社會共享研究成果，至今已出版的相關圖書、報告發行上百萬冊，研究成果年度網絡訪問量數千萬次。

CCG 參與推動和影響了諸多國家發展和全球治理的政策，並向中央和國家機關各部委建言獻策。CCG 多項建言獲得中央和國家領導人批示，為有關部門做出重大決策提供了參考，持續支持和推動著政府決策和制度創新。

關於《CCG 對話全球》

CCG 非常感謝艾利森教授在 2021 年 4 月、2022 年 3 月和 2024 年 3 月參加《CCG 對話全球》系列節目。艾利森教授與 CCG 理事長王輝耀的兩次對話和多次深度交流，以及艾利森教授的研究報告、發表的文章與接受的訪談，是寫作本書的重要靈感和材料來源。

CCG 的使命之一是在中國與世界之間搭建起一座橋樑。每年，CCG 都在北京總部邀請世界各地的眾多演講者發表演說。我們還致力於為加強中外學者、商界領袖、決策者和青年人的對話搭建各種專門渠道和平台，包括年度論壇、研討會和品牌活動，如“中國全球智庫創新年會”“中國與全球化論壇”和“中國企業全球化論壇”等。CCG 代表也頻繁參與國際活動，與來自世界各地的人士交流觀點。

新冠疫情暴發以來，許多常規的國際互動渠道都被中斷了。全球面臨衛生危機和經濟危機之際，正是需要對話與合作之時。由於國際會議和外交峰會受到限制，與來自世界各地的學者、智庫代表和商業領袖進行面對面交流變得更加困難。

隨著疫情的蔓延和地緣政治緊張局勢的加劇，世界比以往任何時候都需要冷靜和理性的討論來分享觀點，理解正在發生的重大變化和找到合作之道。世界各地每個人的生活都被打斷，許多國家經歷了多次封鎖。像所有人一樣，CCG 也在努力適應新情況。CCG 在北京新落成了多媒體中心，邀請新老朋友以視頻連綫的形式，與世界各地的頂尖專家進行對話。儘管隔著千山萬水，但 21 世紀的技術仍讓我們能夠實時交談，參與者多是在各大洲的家中和辦公室裏與我們進行坦誠交流，這給這種在綫對話增加了幾分“爐邊談話”的親密感。

打造《CCG 對話全球》系列節目讓我們有機會與來自不同國家和具有不同學科背景的專家交流，這可以幫助我們在大背景下理解當前的事件和探尋針對共同挑戰的解決方案。《CCG 對話全球》系列活動持續推出，吸引了海內外數百萬觀眾。

自從 2021 年《CCG 對話全球》節目啟動以來，對話嘉賓的名單越來越豐富，包括著名記者和作家，諾貝爾獎得主，擁有豐富經驗的前政府高層官員和前多邊機構的領導者，以及國際關係、經貿領域的世界知名學者。除艾利森教授之外，參加對話的嘉賓還有作家和《紐約時報》評論專欄作者托馬斯·弗里德曼（Thomas L. Friedman），哈佛大學傑出貢獻教授、榮譽退休教授約瑟夫·奈（Joseph S. Nye Jr.），英國《金融時報》首席經濟評論員馬丁·沃爾夫（Martin Wolf），美國布魯金斯學會（Brookings Institution）名譽主席、亞洲協會（Asia Society）聯席主席約翰·桑頓（John L. Thornton），美國亞洲協會政策研究所（Asia Society Policy Institute，ASPI）副所長、美國前貿易副代表溫迪·卡特勒（Wendy Cutler），巴黎和平論壇（Paris Peace Forum）主席、世界貿易組織前總幹事帕斯卡爾·拉米（Pascal Lamy），以及新加坡國立大學亞洲研究所（Asia Research Institute, National University of Singapore）傑出研究員、新加坡前駐聯合國大使馬凱碩（Kishore Mahbubani）等人。

我們發現對話嘉賓與我們分享的觀點對於理解正在重塑著這個世界的發展趨勢而言十分寶貴。對話也就如何共同努力打造一個和平、繁榮和更具包容性的後疫情世界迸發出許多觀點。因此，我們熱切希望以書籍的形式與大家分享這些對話，讓讀者能夠了解對話嘉賓的見解，比較他們的觀點，以加深對全球化、全球治理和多邊主義、世界經濟、人類共同面臨的跨國威脅以及中美關係等重要議題的理解。

《CCG 對話全球》系列的第一卷《CCG 對話全球：理解 21 世紀的全球化、全球不平等和權力轉移》（*CCG Global Dialogues: Understanding Globalization, Global Gaps, and Power Shifts in the 21st Century*）收錄了我在 2021 年 3 月與格雷厄姆·艾利森對話的完整記錄，以及與其他許多專家的對話實錄。該書於 2022 年 12 月發佈，由帕爾格雷夫·麥克米倫（Palgrave Macmillan）出版社出版。在國際政治變得比以往任何時候都更具爭議性和更加兩極化的時候，我們希望這套叢書能夠幫助讀者更加詳細地、多角度地了解我們這個時代的一些關鍵主題。